Wahrnehmungsspiele

Edition Psychologie und Pädagogik

Irene Flemming / Jürgen Fritz

Wahrnehmungsspiele

für Grundschulkinder

Matthias-Grünewald-Verlag · Mainz

Illustrationen von Knut Junker (S. 29, 30, 35, 39, 41, 43, 55, 57, 63, 67, 69, 71, 81, 93, 96, 99, 101, 103, 107, 109, 111, 113), Andreas W. Schmitt (S. 121) und Heidrun Schwark (S. 45, 51, 53, 59, 61, 65, 73, 75, 77, 83, 117, 118/119, 123, 127, 129, 131, 133)

2. Auflage 1997

Umschlag: Harun Kloppe, Mainz, unter Verwendung einer Zeichnung von Heidrun Schwark, Essen
Druck und Bindung: Wagner, Nördlingen

ISBN 3-7867-1882-2

Damit die Wahrnehmung ins Spiel kommt

Wahrnehmung und Wirklichkeit

Mit dem Begriff „Wirklichkeit" haben wir so unsere Schwierigkeiten. Unabhängig von den Menschen und ihrer Wahrnehmung scheint es „etwas" geben zu müssen, auf das wir Augen, Nase, Hände, Ohren richten können. Dieses „Etwas" nennen wir „*die* Wirklichkeit". Aber eben *diese* „Wirklichkeit" können wir gar nicht wahrnehmen.
Was wir „Wahrnehmung" nennen, ist ein vielschichtiger und ineinander verwobener Prozeß der Auswahl und Deutung von Sinneseindrücken im menschlichen Gehirn. So erscheint er uns jedoch nicht. Wir haben vielmehr den Eindruck, daß unsere Wahrnehmung in direktem Kontakt mit der „Wirklichkeit" steht. Das, was wir sehen, scheint uns unmittelbar gegeben zu sein, Töne und Geräusche dringen unvermittelt an unser Ohr, und das, was wir betasten und begreifen, erfahren wir unmittelbar als Gegenstände unserer „Wirklichkeit". Wenn wir wahrnehmen, empfinden wir nichts Vermittelndes zwischen uns und der mit den Sinnen erfahrenen Welt.
Ganz anders sieht es aus, wenn wir „Wahrnehmung" nicht von den Sinneseindrücken her betrachten, sondern aus der Perspektive der Gehirntätigkeit. Aufgrund der sensorischen Reizung in den Sinnesorganen entsteht eine neuronale Erregung, die zum Gehirn weitergeleitet wird. Diese Nervenimpulse als solche sind sensorisch unspezifische Signale. „Die spezifische Modali-

tät, auf der unsere Sinneswelt zu beruhen scheint, ist ‚hinter' den Sinnesorganen offenbar verschwunden. Die Sinnesorgane übersetzen die ungeheure Vielfalt der Welt in die ‚Einheitssprache' der bioelektrischen Ereignisse (Nervenpotentiale), denn nur diese Sprache kann das Gehirn verstehen. (...) Man kann leicht einsehen, daß diese Übersetzung in die neuronale ‚Einheitssprache' etwas für die Funktion von Nervensystemen Unabdingbares ist, denn wie könnten sonst im Dienste der sensorische Verhaltenssteuerung Auge und Muskeln , aber auch Auge und Ohr, Gedächtnis und Geruch miteinander kommunizieren, d.h. Instanzen, die äußerst unterschiedlich gebaut sind und ebenso unterschiedlich funktionieren. Die ‚neuronale Einheitssprache' ist die Grundlage der Integrationsleistung von Nervensystem und Gehirn."[1]

Welche Bedeutung hat dies für unsere Wahrnehmung? Unsere Sinnesempfindungen entstehen nicht in den Sinnesorganen, sondern im Gehirn und zwar als Ergebnis eines internen Verarbeitungsprozesses. Das menschliche Gehirn ist nicht „weltoffen", sondern deutet und bewertet nach eigenentwickelten Kriterien neuronale Signale, von deren „wahrer" Herkunft und Bedeutung es im absoluten Sinne nichts weiß. Die von uns durch die Wahrnehmung erschlossene sinnliche Welt ist demnach ein Konstrukt des Gehirns. Die uns zugängliche Welt erscheint uns so, weil das Gehirn seine „Elemente" zu „unserer" Realität zusammengefügt hat. Wir nehmen „wahr", weil wir gelernt haben, diese Konstrukte, in Übereinstimmung mit anderen Menschen, als „wahr" zu nehmen.

Alle „Erzeugnisse" des menschlichen Gehirns sind her-

[1] Roth, Gerhard: Erkenntnis und Realität: Das reale Gehirn und seine Wirklichkeit; in: Schmidt, Siegfried J. (Hg.): Der Diskurs des Radikalen Konstruktivismus, Suhrkamp Verlag, Frankfurt 1987, S. 232f.

gestellt. Alle Eigenschaftsunterschiede der Wahrnehmungsinhalte, sei es nun Hören, Sehen, Fühlen, seien es nun bestimmte Qualitäten wie Farben, Bewegungen, Tonhöhen oder auch Intensitäten, sind nicht direkt mit den Eigenschaften der Umweltereignisse verbunden. „Auf der Ebene der Rezeptoren existiert keinerlei Abbildung der Welt, sondern ein Mosaik elementarer Erregungszustände.

Das menschliche Gehirn muß erfahren, welche Merkmalskombinationen in der Umwelt regelmäßig auftreten, was wahrscheinlich zu erwarten ist und was nicht. Treten Kombinationen bestimmter Merkmale zur selben Zeit und am selben Ort immer wieder auf, so verstärken sich bestimmte Verknüpfungen. Das visuelle System lernt auf diese Weise die Strukturierung der visuellen Welt in Objekte und „sinnvolle" Prozesse. Es entsteht dann eine erhöhte Bereitschaft, auf Strukturen und Ereignisfolgen, die sich in früheren Erlebnissen als geordnet und „sinnvoll" erwiesen haben, zu reagieren. Das Gedächtnis ergänzt die sensorischen Fragmente zur kompletten Wahrnehmung. Dazu verwendet es „Regeln", die sich im Laufe der menschlichen Entwicklung als sinnvoll (für das Überleben) erwiesen haben. Damit ist das Gedächtnis das wichtigste „Sinnesorgan". Eine solche Sichtweise von Wahrnehmung hat Auswirkungen auf unser Verständnis von „Wirklichkeit". Über „*die* Wirklichkeit *als* solche" – also unabhängig vom Menschen – sind keine Aussagen möglich. In bezug auf das Konzept von Wahrnehmung und Konstruktion der Welt im menschlichen Gehirn kann man Wirklichkeit als eine ungeschiedene, nicht bestimmbare Kraft verstehen, die u*nspezifisch* auf das Gehirn des Menschen wirkt. Diese Wirklichkeit ist der Grundstoff, aus dem Menschen ihre Welten bauen, auf daß Wirklichkeit wirke, wie Menschen wollen, daß sie wirkt. Wirklich-

keit ist also eine „eingefaltete" Wirkkraft, die sich in Welten wirkungsvoll entfalten kann. Die Wirklichkeit wird nur erkennbar, wenn sie in Welten wirkt: als Auswirkung ihrer Wirkkraft, nicht als Wirklichkeit selbst. Wirklichkeit bleibt zwar in Welten eingebunden, wird jedoch nie zu diesen Welten, weil die Eigenart von Wirklichkeit ihre prinzipielle Offenheit für alle möglichen Welten ist. Wirklichkeit ist ungeschieden und ungeordnet und daher nicht wahrnehmbar. Erst indem der Mensch seine Welt konstruiert: ein für sein Überleben notwendiges Ordnungsgefüge entwickelt, findet er einen ihm angemessenen Zugang zur Wirklichkeit: Sie erscheint ihm als *seine* Welt. Sie wird für ihn zu *seiner* „Wirklichkeit", wenn er sie in wesentlichen Aspekten mit anderen Menschen teilen kann.
Damit wird eine Beziehung des Menschen zur Wirklichkeit nicht bestritten. Der Mensch könnte ohne eine solche Wirklichkeit nicht existieren und nichts erkennen. Die Wirklichkeit ist den Menschen also *nur kognitiv* unzugänglich. Sie ist eine prinzipiell offene Schöpfung, die sich durch das menschliche Gehirn gesellschaftlich und d.h. durch Kommunikation in eine „sinnvolle" Welt verwandelt. Nur in Form einer *Welt*, also gesellschaftlich transformiert, können wir mit der Wirklichkeit umgehen und sie dabei so (und so „real existierend") wahrnehmen, wie es der gesellschaftliche Transformationsprozeß vorsieht.

Wahrnehmung und Welt

Die Umwelt nimmt der Mensch als „Realität" wahr: als eine für ihn nicht hintergehbare Erfahrungswirklichkeit, die „vorhanden" ist. „Diese Umwelt wird über Wahrnehmung, Sensomotorik, Kognition, Gedächtnis und Emotion, über kommunikatives und nicht-kommunikatives Handeln informationell (‚sinnhaft') von Menschen erzeugt und erhalten. (...) Jedes Individuum wird schon in eine sinnhaft konstituierte Umwelt hineingeboren und auf sie hin sozialisiert und geht nie mit ‚der Realität als solcher' um. Wahrnehmen, Denken, Fühlen, Handeln und Kommunizieren sind somit geprägt von den Mustern und Möglichkeiten, über die der Mensch als Gattungswesen, als Gesellschaftsmitglied, als Sprecher einer Muttersprache und als Angehöriger einer bestimmten Kultur verfügt."[2] Dieses System kollektiven Wissens ist das „Wirklichkeitsmodell", das Kinder im Laufe ihres Sozialisationsprozesses erlernen und das ihre Welt konstituiert.

Durch „Wirklichkeitskonstruktionen" schaffen Menschen diese Welt und legen damit das Spektrum dessen fest, was innerhalb dieser Welt wahrgenommen werden kann und welche Wirklichkeitsvorstellungen dort gelten. Dieser Prozeß der Wirklichkeitskonstruktion verläuft keineswegs willkürlich, noch ist er als ein in jeder Phase bewußt gesteuerter Prozeß aufzufassen. Er erfolgt in Auseinandersetzung mit der Umwelt und gemäß den konkreten biologischen, kognitiven und sozio-kulturellen Bedingungen denen Menschen in ihrer sozialen wie natürlichen Umwelt unterworfen sind. Da das Individuum über viele dieser Bedingungen überhaupt nicht verfügen kann und viele ihm gar nicht bewußt sind, widerfährt dem Menschen diese Wirklichkeitskonstruktion mehr, als daß er bewußt über sie verfügt. So entwickelt sich in der Sozialisation eine „naturwüch-

[2] Schmidt, Siegfried J.: Konstruktivismus in der Medienforschung: Konzepte, Kritiken, Konsequenzen; in: Merten, Klaus u.a. (Hg.): Die Wirklichkeit der Medien, Westdeutscher Verlag, Opladen 1994, S. 594.

ge" Wahrnehmung, die zu den Wirklichkeitskonstruktionen der Gesellschaft paßt.
Die durch Konstruktion geschaffene reale Welt („Realität") läßt sich zunächst in zwei große Bereiche teilen: die „Umwelt" (die wir durch „Dinge" außerhalb von uns erfahren) und die „Körperwelt" (die wir uns durch Wahrnehmung unseres eigenen Körpers erschließen). „Die Dingwelt und die Körperwelt unterscheiden sich hinsichtlich ihrer sogenannten Repräsentation im Gehirn deutlich voneinander: die Nervenbahnen, die von den für Umweltwahrnehmung zuständigen Sinnesorganen (Auge, Ohr, Nase etc.) und von den für Körperempfindungen zuständigen Sinnesorganen (Gleichgewichtssinn, Muskel- und Gelenkrezeptoren, Berührungsrezeptoren, Schmerzrezeptoren usw.) kommen, projizieren zu getrennten Gebieten im Gehirn. Außerdem ist die *Art* der Repräsentation fundamental verschieden: während die Umwelt nur sensorisch im Gehirn repräsentiert ist, ist der Körper sensorisch und motorisch repräsentiert. Jedes motorische Kommando wird sensorisch abgefragt, um zu kontrollieren, ob das Kommando auch ausgeführt wurde. Über die verschiedenen somatosensorischen Rückmeldungen *fühlen* wir unmittelbar, was unser Körper tut. Die Erfahrung des Körpers, auch wenn sie nur gehirnintern ist, ist daher anderer Natur als die Erfahrung der Umwelt. (...) Für das Gehirn bedeutet dies: alles, was senso-motorisch rückgekoppelt ist, ist Körper, was aber nur zu Erregung in den sensorischen Zentren ohne direkte Rückkopplung führt, ist Umwelt."[3]
Die reale Welt, die Menschen durch Konstruktionsleistungen hervorbringen, entspricht in etwa der „Welt 1", die Popper als die Welt der physikalischen Gegenstän-

[3] Anmerkung 1, S. 236 f.

de beschreibt: von den Atomen bis zu den lebenden Organismen.[4] Von dieser „Realität" lassen sich weitere Welten abgrenzen, die durch sinnliche Wahrnehmung nicht zu erschließen sind: die „Traumwelt" und die „Gedankenwelt". Im nächtlichen Traum erleben wird eine höchst subjektive Welt, die wir gelernt haben, von unserer realen Welt getrennt zu halten. Gleichwohl können wir, „zurückgekehrt" in unsere reale Welt, viel Zeit und viel Gedanken darauf verwenden, unsere Traumwelt zu verstehen. Der Traumwelt nicht unähnlich sind die geistigen Prozesse im Gehirn (Denken, Fühlen, Vorstellen, Tagträume). Im Unterschied zur Traumwelt ist die Gedankenwelt des Menschen durch bewußte Willenstätigkeit gekennzeichnet.[5] Die Gedankenwelt entspricht in etwa der „Welt 2" im Modell von Karl Popper. Sie entwickelt sich als eigener Bereich relativ spät und grenzt sich zum Teil durch Ausschluß ab: All das gehört zur Gedankenwelt, was nicht Traumwelt ist und was kein sinnlich wahrnehmbares Gegenüber besitzt.

Das Gehirn hat offenbar hinlänglich verläßliche Verfahren entwickelt, die verhindern, daß Traumwelt und Gedankenwelt mit der realen Welt verwechselt werden. Zum einen finden Denk- und Vorstellungsprozesse in gesonderten Bereichen des Gehirns statt, zum anderen könnte die Abkopplung von sensorischen und motorischen Hirnaktivitäten die als notwendig sich herausgebildete „Grenzziehung" zwischen den drei Welten begünstigen. Die mit der realen Welt verbundene sinn-

4 Vgl. Popper, Karl R. und Eccles, John C.: Das Ich und sein Gehirn, Piper Verlag, München und Zürich 1982, S. 38 ff.

5 Zum Phänomen des „Tagtraums" vgl. Bloch, Ernst: Das Prinzip Hoffnung, Band 1, Frankfurt 1973, S. 86 ff. Zusammenfassende Ausführungen finden sich bei Bartels, Martin (Hg.): Traumspiele, Junius Verlag, Hamburg 1994, S. 165 ff.

liche Wahrnehmung ist lebhafter, intensiver und vor allem vielfältiger und detaillierter als die Reize von Traumwelten und Gedankenwelten. Offensichtlich registriert das Gehirn auch die „Eintritts-" und „Austrittsrituale", die beim Betreten bzw. Verlassen der verschiedenen Welten verwendet werden. Legt man sich beispielweise ins Bett und schließt die Augen, bereitet man sich darauf vor, die „Realität" zu verlassen und ein andere Welt zu betreten.
Diese Rituale sind von besonderer Wichtigkeit auf der Grenze zwischen „Realität" und Spielwelt. Da sich die „Konstruktionen" im Spiel deutlich sichtbar mit der realen Welt „verankern" (z.B. in einem Rollenspiel mit Requisiten aus der häuslichen Umgebung), ist es notwendig, die reale Welt von der Spielwelt zu unterscheiden. Dies gelingt durch einen „Regieraum", in dem Übereinkünfte über die Regeln des Spiels, die Rollenverteilung, den geplanten Ablauf, das Spielthema sowie die „Requisiten" und ihre Bedeutungen getroffen werden. Die Spielwelt, die reale Welt und der „Regieraum" werden durch „Rahmungssignale" voneinander getrennt: Die Spieler geben einander zu erkennen, wann sie spielen, wann sie das Spiel organisieren wollen und wann sie die Spielwelt verlassen haben.[6]
Für die weiterführenden Fragen zur Wahrnehmung

[6] Weiterführende Gedanken finden sich bei Fritz, Jürgen: Theorie und Pädagogik des Spiels, Juventa Verlag, Weinheim und München 1993, S. 74f. Offensichtlich reicht selbst für das kindliche Spiel der Regieraum allein nicht aus, um die Spielwelt in der realen Welt zu stabilisieren und zu konfigurieren. Analysiert man die Spielprozesse von Kindern, stößt man auf verschiedene „Ebenen", die zwischen „Realität" und Spielwelt gelagert sind: die Erklärungsebene, die Begründungsebene, die Anknüpfungsebene, die Kommentierungsebene, die Konstruktionsebene und der bereits erwähnte Regieraum. Ausführliche Darstellungen finden sich bei Fritz, Jürgen: Spielzeugwelten, Juventa Verlag, Weinheim und München 1992, S. 47 ff.

und zur Bedeutung von Wahrnehmungsspielen könnte ein heuristisches Modell über die „Wirklichkeit" und ihre „Welten" möglicherweise brauchbar sein (siehe Abbildung 1). Eingebettet in die reale Welt („Realität") verfügt der Mensch über weitere „Welten", die mit der „Realität" eng verwoben sind und zugleich über sie hinausweisen, ja sogar den Bereich der „Realität" zu erweitern helfen. Die verschiedenen „Welten" sind Teil einer unteilbaren „Wirklichkeit"; sie existieren nicht für sich, sondern sind wechselseitig aufeinander bezogen.

Die „Wirklichkeit" und ihre „Welten"

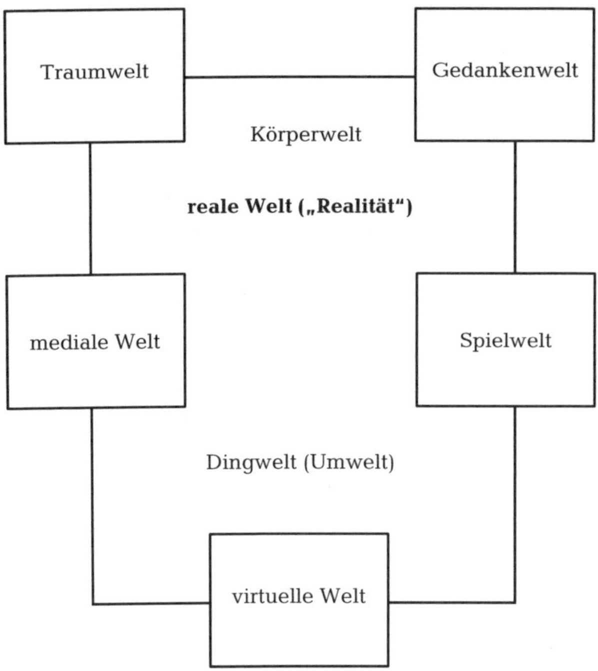

Das Modell beabsichtigt keine „Grenzziehungen" zwischen den „Welten", sondern bezeichnet lediglich „Orte", in denen spezifische Umgehensweisen mit dieser ganzen und ungeteilten „Wirklichkeit" stattfinden. Für die mediale Welt (also die Welten des Films, des Fernsehens, des Romans) gelten andere Regeln (und Einwirkungsmöglichkeiten) als beispielsweise in der Spielwelt, in der das Kind eine subjektiv bedeutsame Zugangsweise zu einem Aspekt seiner Wirklichkeit aktiv herstellt. Während sich die „Konstruktionen" im Spiel deutlich sichtbar mit der realen Welt „verankern" (z.B. in einem Rollenspiel mit Requisiten aus der häuslichen Umgebung), spielt sich die Gedankenwelt im Kopf der Me nschen ab (z.B. in Form von Tagträumereien oder Handlungsüberlegungen). Insofern ragt die Spielwelt deutlicher in die reale Welt hinein als die Gedankenwelt.
Für die Wahrnehmung ist es von Wichtigkeit, in welcher der Welten sich der Mensch jeweils „aufhält". Die Bestimmung des „Aufenthaltsortes" erfolgt durch spezifische „Rahmungssignale" (Absprachen innerhalb einer Spielgruppe, Anschalten des Fernsehers, Aufschlagen eines Buches). Wie die Wahrnehmungsprozesse innerhalb der verschiedenen Welten ablaufen und welchen Besonderheiten sie unterworfen sind, werden wir uns jetzt etwas näher ansehen.

Selbstreferentialität und Realitätsprüfung

Die Möglichkeit des Menschen zwischen den verschiedenen Welten wählen und durch Rahmungssignale abzugrenzen zu können, wann man sich in welcher Welt befindet, gründet sich auf spezifische Eigenarten des menschlichen Gehirns. Dieses Gehirn ist funktional in sich abgeschlossen und kann nur mit seinen eigenen internen Zuständen Wechselwirkungsprozesse auslösen. Es hat keinen direkten Zugang zur Wirklichkeit, sondern muß seine Zustände und Wechselwirkungsprozesse nach von ihm selbst entwickelten Prinzipien und Prüfverfahren interpretieren. Diese Fähigkeit des menschlichen Gehirns nennt man „Selbstreferentialität".

Durch ein solches selbstreferentielles System ist der Mensch in der Lage, sich Welten zu schaffen, die sein Überleben sichern. Die „kognitive Welt", das Insgesamt aller dieser Welten, ist in sich abgeschlossen. Dies ist „*unsere* Wirklichkeit", in der wir existieren, die uns jedoch nicht gegenübersteht, sondern die sich „durch uns hindurch" verwirklicht.

Um die Stufe der Selbstreferentialität zu erreichen mußte das menschliche Gehirn in seiner Kapazität und Eigenart im Vergleich zu anderen Wirbeltieren einen deutlichen Entwicklungssprung vollziehen. Dabei hat sich die primäre Sensorik innerhalb der Wirbeltierevolution nur sehr unwesentlich gesteigert. „Was sich in der Evolution zum menschlichen Gehirn hin in ungeheurem Maße steigerte und entwickelte, sind die sekundären und tertiären Verarbeitungsregionen, besonders all die Areale, die die sensorischen Erregungen der verschiedenen Modalitäten miteinander und mit früheren sensorischen, aber auch motorischen Zuständen vergleichen, also intern bewerten. Anstatt die Umwelt mit einer Steigerung der Kapazität der Sinnesorgane immer exakter zu erfassen, hat das Gehirn in seiner Stammesgeschichte sozusagen die entgegengesetze Richtung eingeschlagen, nämlich das interne Bewertungssystem ungeheuer zu steigern und wirksamer zu gestalten."[7]

Unsere Sinnesorgane übermitteln nur eine sehr begrenzte Menge an Informationen an das Gehirn. Das Gehirn entwickelt daraus eine in sich stimmige und für den Menschen verständliche Wahrnehmungswelt, die dem Menschen auch in komplexen Situationen angemessenes Handeln ermöglicht. Bei seinen internen „Konstruktionsprozessen" greift das Gehirn auf seine Gedächtnisinhalte zurück: „Unsere Wahrnehmung, die uns von unmittelbarer Sensorik bestimmt erscheint, besteht in Wirklichkeit zum größten Teil aus Gedächtnisprodukten, d.h. aus Ereignissen, die das Gehirn in einer minimal abgetasteten Umwelt als wahrscheinlich vorhanden ansieht. (...) Erst wenn wir uns zwingen, die Umwelt genau und detailliert zu erfassen, erkennen wir, wie langsam unsere Wahrnehmung dabei arbeitet. Genaue und detaillierte Wahrnehmung hat aber gegenüber der Notwendigkeit zu schnellerer, wenn auch gröberer Wahrnehmung häufig keinen großen Nutzen für das Überleben. Was der Mensch und seine Vorfahren zum Überleben benötigten bzw. was ihre Überlegenheit ausmachte, war die Fähigkeit, in komplexen, auch gerade sozial komplexen Situationen rasch handeln zu können."[8]

Um dieses rasche Handeln zu gewährleisten und weil die Umwelt für sich nicht bedeutungsvoll ist, müssen Menschen selektiv, also nach eigenen Bedürfnissen und eigenen internen Kriterien (angeboren oder angelernt) sich zu ihr in Beziehung setzen. Dient die Wahrnehmung der Verhaltenssteuerung, ist sie stets Auswahl und Bewertung. Im Prozeß der Wahrnehmung muß das Gehirn die Sinnesdaten ordnen, bewerten und Regelmäßigkeiten aufdecken. Ferner kommt es darauf

[7] Roth, Gerhard: Erkenntnis und Realität: Das reale Gehirn und seine Wirklichkeit, in: Schmidt, Siegfried J: Der Diskurs des Radikalen Konstruktivismus, Suhrkamp Verlag, Frankfurt 1987, S. 246.

[8] Anmerkung 1, S. 247.

an, die Wahrnehmungseindrücke so zu verarbeiten, daß sie als konstant und verläßlich erscheinen, um so eine Orientierung (und damit ein Überleben) in einer Umwelt zu sichern, die sich von unserer Sensorik her fortwährend verändert. So hat es sich als sinnvoll erwiesen, daß wir in die Lage versetzt werden, Objekte unter ganz unterschiedlichen Aspekten, Beleuchtungssituationen und Kontexten angemessen zu erkennen.

Die Selbstreferentialität des menschlichen Gehirns bedeutet nun nicht, daß unsere Welten beliebig sind oder von der Willkür des einzelnen Menschen abhängig wären. Durch eine lange Stammesgeschichte, durch prägungsartige frühe Lernprozesse ist in der menschlichen Wahrnehmung eine mehr oder weniger verläßliche Zuordnung von Sinnesorganen zu bestimmten Sinneszentren und von Sinnesqualitäten zu bestimmten lokalen Erregungsmustern im Gehirn garantiert. Das Gehirn prüft mit Hilfe des Gedächtnisses die eingehenden Sinnesdaten auf Beständigkeit und Stimmigkeit. Die Konstruktion von Welten und der Prozeß von Wahrnehmung ist zudem an soziale Systeme gebunden, in denen festgelegt wird, wie die Welten wahrzunehmen sind.

Während des Sozialisationsprozesses lernen die Menschen diese Standards, ihre Möglichkeiten und Grenzen, kennen und richten ihr soziales Handeln danach aus. Mit anderen Worten: Sie eignen sich die gesellschaftlich vorgegebenen Muster der Realitätsprüfung an, um in ihrer jeweiligen Gesellschaft (kognitiv und sozial) überlebensfähig zu werden und zu bleiben. Dabei unterscheiden sich die Welten sowohl in Hinblick auf die Muster der Realitätsprüfung als auch auf ihre Verbindlichkeit. Für die Wahrnehmung der realen Welt gelten andere, strengere, engere und verbindlichere Muster als beispielsweise für die Spielwelt. In der realen Welt ist ein Holzscheit ein Holzscheit; in der Spielwelt kann sich dieser Gegenstand in ein Schiff, ein Auto oder ein Haus „verwandeln", ohne daß dieser Verwandlungsprozeß gravierende soziale Reaktionen nach sich ziehen würde.

Spielwelt und „Realität"

In ihrer Verankerung in der Gehirntätigkeit des Menschen ähneln sich Spielwelt und reale Welt: Beide werden von Menschen konstruiert, gestaltet und bestimmt und beide lösen sich vom Menschen ab und treten ihm als etwas Äußeres, nicht mehr nur von seinem Wollen Abhängiges gegenüber.
Spielwelt und reale Welt unterscheiden sich in ihrem Grad der Festlegung und der Wirkung auf den Menschen. Im Vergleich zur Spielwelt kann man die Konstruktionen der „Realität" als „fest", verbindlich und folgenreich ansehen. Die Konstruktionen in der Spielwelt sind weitaus flüchtiger, unverbindlicher, zufälliger. Sie entstehen, vergehen, verwandeln sich und unterliegen einem fortwährenden Prozeß der Veränderung. In der Spielwelt übersteigt der Mensch die Festlegungen seiner „Realität" für einige Zeit. Die Spielwelt gibt ihm die Möglichkeit für kurzfristige Aufenthalte in anderen möglichen Welten. Der Mensch verläßt für einige Zeit die „Sandbank" seiner „Realität", um im „Fluß der Möglichkeiten" als ein anderer anders leben zu können: mit seiner Sinnlichkeit, seinen Wünschen, Impulsen und Bedürfnissen. Der spielende Mensch bestätigt nicht die „Realität", sondern entwickelt mit „Bausteinen der Wirklichkeit" neue Welten – teilweise der realen Welt genau entgegengesetzt, sie parodierend und sich über sie hinwegsetzend. Auf dem „Fluß

der Möglichkeiten" fügt er „Treibgut der Wirklichkeit" zu einem „Floß" zusammen, auf dem er einige Zeit verweilen kann.
Insofern ist Spiel ein unbedarfter, unbekümmerter Umgang mit anderen Welten, die in ihren Bestandteilen immer wieder verändert und neu zusammengestellt werden. Die Spielwelt ist daher eine „andere Realität", eine „Welt im Entstehen", ein Rückgriff auf eine Ahnung, was Wirklichkeit sein könnte. In dem Maße, wie der Aufenthalt in der Spielwelt zu einer elementaren Lebensäußerimg wird, die auf Integration und Entfaltung gerichtet ist, kann sich ungebrochene Lebensfreude des Menschen ausdrücken. Dies kann zum Impuls werden, auf die „Realität" einzuwirken – auch, indem man sie anders „wahr"nimmt.
Wahrnehmung der „Realität" bedeutet auch, über Prinzipien zu verfügen, nach denen man Ereignisse sinnvoll organisieren kann. So lernen Menschen beispielsweise zu unterscheiden, ob etwas „im Scherz" gesagt oder „ernst" gemeint ist. Diese Prinzipien nennen wir „Rahmen". Es sind ordnende und damit strukturschaffende Mechanismen im Prozeß der Wahrnehmung.[9] Die Elemente der „Realität" sind nicht eindeutig zueinander in Beziehung gesetzt. Um zu verstehen, was gemeint ist und wie es gemeint ist, bedürfen sie der „Rahmung", also einer spezifischen „Bearbeitung" im Prozeß der Wahrnehmung. Ein Stuhl in der Küche ist etwas anderes, als ein Stuhl auf dem Müllplatz. Der Satz: „Ich finde dich toll!" kann, je nachdem wie, wann und in welchem Zusammenhang gesprochen, mal ein Lob, das andere mal eine Kritik ausdrücken – eine Liebeserklärung sein oder eine Abweisung. In der Spielwelt kann das Kind

[9] Sehr ausführliche Untersuchungen zu diesem Thema finden sich bei Goffman, Erving: Rahmen-Analyse. Suhrkamp Verlag, Frankfurt 1977, S. 19ff.

seine „Rahmungskompetenz" spielerisch entwickeln, weil in dieser Welt noch alles im Fluß ist, weil das Kind dort mit unterschiedlichen „Rahmen" spielen kann. Wenn Kinder miteinander spielen, machen sie durch „Rahmungssignale" deutlich, daß das nun Folgende nicht der „Realität", sondern der Spielwelt angehören soll. Dies können sowohl Sprachäußerungen („Wollen wir jetzt mit den Autos spielen?") als auch Rollenverteilungen sein („Ich bin der Pilot, und du spielst den Funker"). Bereits durch Gesten oder eine besondere Art des Sprechens können Kinder signalisieren, daß sie sich in der Spielwelt befinden. In der Spielwelt selbst kommt es zu weiteren Rahmungshandlungen: Dieses „Auto" ist der „Präsidentenwagen", und das ist eine „kugelsichere Scheibe"; der Besenstil wird zur „Rakete" erklärt, und dann verwandelt er sich in ein „Schwert". Die von Kindern aufrechterhaltene Spielwelt zeichnet sich dadurch aus, daß ihre Elemente ständig transformiert werden und je nach „Spielrahmen" unterschiedliche Bedeutungen erlangen. Im Spiel lernt das Kind für seine Spiele unterschiedliche Rah men zu finden und durch Rahmungshandlungen von der „Realität" in die Spielwelt überzuwechseln. Dies gilt auch für Spiele mit der Wahrnehmung.

Wahrnehmung und Spiel

Wenn ein Kind zu einer Baumwurzel „Baumwurzel" sagt, hat es seine Wahrnehmung so „gerahmt", daß sie in Übereinstimmung steht mit den verbürgten Weisen unserer Sicht von „Realität". Entdeckt das Kind in der Baumwurzel Gesichter, unterlegt es seiner Wahrnehmung nicht nur einen anderen Rahmen, sondern wechselt von der realen Welt in die Spielwelt. Für das Kind ist die Wahrnehmung von Gesichtern ein spielerischer Umgang mit Wahrnehmungsmöglichkeiten: Es spielt mit möglichen Rahmen für seine Wahrnehmungseindrücke. Indem das Kind wahrzunehmen lernt, lernt es zugleich auch den Gebrauch von Rahmen für seine Wahrnehmung. Innerhalb der Spielwelt „erzeugt" das Kind immer wieder neue Rahmen und bildet damit fortwährend neue Möglichkeiten für die Wahrnehmung der realen Welt. Damit kann das Spiel zu einem Impuls werden, die Möglichkeiten der Wahrnehmung über den engen „Realitätstunnel" unserer Welt hinaus zu erweitern.

Der Gedanke der „Wahrnehmungsförderung" in der Pädagogik trägt dem Umstand Rechnung, daß Kinder zum einen lernen müssen, „unsere" Welten angemessen wahrzunehmen und daß zum anderen die Notwendigkeit besteht, die allzu engen Festschreibungen und Einengungen unseres Wahrnehmungsfeldes zu erweitern. Mit dem Begriff „Sensibilisierung" drückt sich der Wunsch aus, daß sich die Wahrnehmungseindrücke intensivieren, differenzieren und weiter ausfalten mögen. Die in der Sozialisation sich entwickelnde „naturwüchsige" Wahrnehmung wird damit nicht relativiert, sondern erweitert und auf spezifische Bereiche unserer Kultur ausgedehnt: Malerei, Fotografie, Film, Musik, Literatur , Plastik.

Die pädagogischen Maßnahmen bewirken eine Steigerung der Aufmerksamkeit auch für die Sinneseindrükke, die nicht unbedingt zum Überleben notwendig sind. Mit der Sensibilisierung für Wahrnehmungseindrücke verbunden ist die Fähigkeit, aus der Wahrnehmungsfülle unserer Welt bewußt auszuwählen, die Wahrnehmung „schweifen" zu lassen und sich dann auf bestimmte Objektbereiche zu konzentrieren.

Wichtige Voraussetzung für den Prozeß der Sensibilisierung ist eine Verlangsamung in der Wahrnehmung. Erst wenn es mir gelingt, die Wahrnehmung nicht nur „automatisch" ablaufen zu lassen, sondern inne zu halten, wird mir der Wahrnehmungsprozeß bewußt, und ich kann meine Wahrnehmung intensivieren, differenzieren und weiter ausfalten. Es geht jedoch nicht nur darum, sich bei der Wahrnehmung Zeit zu *lassen*, man muß auch für die Ausbildung der Sensibilisierung Zeit *haben*. Die Muße müßte die Wahrnehmung bestimmen und nicht das Muß. Die nahezu automatisch ablaufenden Wahrnehmungsprozesse sind Ausdruck derjenigen Konfigurationen im menschlichen Gehirn, die sein Überleben in der Umwelt sichern. Die Erweiterung dieses engen, handlungsorientierten „Realitätstunnels" erfordert eine Entlastung vom Zwang des unmittelbaren Handelns. Sensibilisierungsprozesse für Wahrnehmungseindrücke machen eine Welt notwendig, die den Menschen nicht unter unmittelbarem und existentiell notwendigem Handlungsdruck setzt. Und welche Welt ist dafür besser geeignet als die Spielwelt!?

In der Spielwelt sind die Konstruktionen weniger verbindlich und folgenreich. Nach dem Wunsch der Spieler entstehen und vergehen sie in einem fortwährenden Prozeß der Veränderung. Von daher bietet die Spielwelt einen Raum, in dem man auch mit seinen Wahrnehmungen spielerisch umgehen darf. Da die Spielwelt von ihren „Objekten" her eng mit der „Realität" verzahnt ist, haben die Spieler hier die Möglichkeit, „Realität" in anderer Weise wahrzunehmen. Im Spiel mit der Wahrnehmung verwandelt sich die „Realität": Sie wird vielfältig, neu, anregend. Die Sinne sind nun eher nach „innen" gerichtet und weniger nach außen. Sie haben Spaß und Vergnügen „im Auge" und dienen nicht mehr ausschließlich einer zielgerichtete Orientierung für das „not"wendige Handeln.

Wie wichtig ist der Pädagogik die Entfaltung einer solchen Wahrnehmungsfähigkeit? Untersucht man die Veröffentlichungen zur Spielpädagogik, die in den vergangenen fünfzehn Jahren erschienen sind, kann man unschwer feststellen, daß der Bereich der „Wahrnehmungsspiele" an Umfang und Bedeutung erheblich zugenommen hat.[10] Keine Spielesammlung, die nicht zumindest einige dieser Spiele enthielte! Manche Spielesammlungen enthalten mehr oder weniger nur Spiele mit der Wahrnehmung.[11] Daneben gibt es anregende pädagogische Fachliteratur, die spielerische Wahrnehmungsförderung für Kinder zum Gegenstand hat.[12] Einige Veröffentlichungen bieten spielerische Anregungen für jeweils einen Sinnesbereich.[13] Eine besondere Gruppe von Büchern gibt Anregungen für Wahrnehmungsspiele unter dem Aspekt der Naturerfahrung.[14] Die Fülle und Differenziertheit dieser Veröffentlichungen macht deutlich, welchen Stellenwert die Förderung der Wahrnehmung inzwischen erlangt hat und auf welches Interesse gerade *spielerische* Formen dieser Förderung stoßen.

10 Ausführliche Informationen zu den neueren Veröffentlichungen finden sich in Fritz, Jürgen: Methoden des sozialen Lernens, Juventa Verlag, Weinheim und München 1993.

11 Sehr bekannt sind die Sammlung von Wahrnehmungsspielen von Hajo Bücken, so z.B. „Kimspiele. Spiele zum Sehen, Schmecken, Riechen, Tasten, Hören und Denken. Hugendubel Verlag, München 1984. Empfehlenswert ist auch die Spielesammlung von Ackermann, Liselotte u.a.: Sinn-Salabim. Tasten, Hören, Sehen: Erfahrungsspiele für Kinder, Verlag an der Ruhr, Mülheim an der Ruhr 1993.

12 Neuere Bücher dieser Art sind: Löscher, Wolfgang: Vom Sinn der Sinne. Spielerische Wahrnehmungsförderung für Kinder, Don Bosco Verlag, München 1994; Hasenbeck, Maja: In die Augen, in den Sinn. Wahrnehmung in Kindergruppen, Burckhardthaus-Laetare Verlag, Offenbach 1991.

13 Hier sind insbesondere erwähnenswert die im Don Bosco Verlag erschienenen Bände von Rudolf Seitz (Hg): Tastspiele, München 1983;

„Sinn"volle Spiele für Grundschulkinder

Die nun folgende Spielesammlung von Wahrnehmungsspielen für Grundschulkinder steht in der Tradition von Spielebüchern und pädagogischer Fachliteratur zur Wahrnehmungsförderung von Kindern. Die 48 Spiele entstammen zum einen der „Mainzer Spielkartei" und der Kartei „Stöcke, Steine, Luftballons", zum anderen wurden sie für dieses Buch neu entwickelt. Sie sollen nicht nur Anregungen sein, mit Kindern die Wahrnehmung zu „üben" und die Sensibilität zu „schulen". Es geht bei diesen Spielen vielmehr auch um Spaß und Vergnügen: emotionale Wirkungen, die gerade bei Wahrnehmungsspielen in der Schule unverzichtbar sind. Von daher wurden Spiele mit einbezogen, die ungewöhnlich sind und zum Lachen anreizen. Wer könnte schon bei „Ansteckungsgefahr" ernst und beherrscht bleiben. Und wenn die „verrückten Füße" mit den Zehen wackeln, kann sich die Klasse sicher nicht mehr halten vor Lachen.
Ist Zeit und Muße zum Spielen da (und dies müßte auch im Schulalltag möglich sein), kann sich eine Spielwelt entfalten, in der sich die Kinder ein breites Spektrum an Wahrnehmungsmöglichkeiten erschließen können. Wichtig dabei ist der „Verwandlungsprozeß". Die Kinder sehen, tasten, hören, riechen und schmecken nicht nach den Maßstäben der „Realität", sondern sie sehen

Sehspiele, München 1985; und Wolfgang Löscher: Riech- und Schmeckspiele, München 1993; Hör-Spiele, München 1986.

[14] Hier sind es insbesondere die Bücher von Joseph Cornell: Mit Kindern die Natur erleben, Ahorn Verlag, Oberbrunn 1979; Mit Freude die Natur erleben. Naturerfahrungsspiele für alle, Verlag an der Ruhr, Mülheim 1991; Auf die Natur hören, Verlag an der Ruhr, Mülheim 1991. Empfehlenswert ist auch das Buch von Rudolf Knirsch: Unsere Umwelt entdecken. Spiele un d Experimente für Eltern und Kinder, Ökotopia Verlag, Münster 1991.

etwas als „Kundschafter des Königs“, sie ertasten Schuhe als „blinde Schuhverkäuferin“, sie riechen in ihrer Rolle als „Jagdhund“, und wenn sie hören, sind sie „Indianer in der Nacht“. So in eine Spielwelt „eingewoben“, bestimmen die Spielforderungen Art, Ausmaß und Intensität der Wahrnehmung und weniger die Notwendigkeiten der „Realität“.
„Sinn“voll sind solche Spiele nicht nur, weil sie die Sinnlichkeit der Kinder herausfordern, sondern auch, weil sie „Sinn“ machen. Sie erlauben es dem menschlichen Gehirn, Wahrnehmungseindrücke in neuer Weise sinnvoll zusammenzufügen. Und es ist gewiß sinnvoll, wenn Kinder Spielräume nutzen können, um „sinn“voll zu erleben, daß sie Objekte ihrer Umwelt in immer neuen Kombinationen zu einer sinnvollen Ganzheit verweben können. Für die Entwicklung der Menschheit macht es Sinn, wenn die Fähigkeit, verschiedene Welten zu konstruieren und zueinander in Beziehung zu setzen, gefördert wird, wächst dadurch doch die Toleranz anderen Menschen und ihrer „Realität“ gegenüber.
Aus dem Bewußtsein, daß „unsere“ reale Welt nur eine von unendlich vielen möglichen ist, die sich aus der Wirklichkeit gewinnen läßt, kann der Impuls erwachsen, diese reale Welt zu erweitern und Schritte in andere Welten zu gehen. Auf diesem Weg können Wahrnehmungsspiele „sinn“voll sein, weil wichtige theoretische Erkenntnisse durch sie sinnlich erfahrbar werden.

SEHEN

ANSTECKUNGSGEFAHR

Konzentrationsspiel
Ort: in größeren Räumen
Dauer: 5 Minuten
Eignung: Kinder ab 6 Jahren. Geeignet, Darstellungsfähigkeit, genaue Wahrnehmung und Konzentrationsfähigkeit zu fördern. Für Gruppen ab 10 Spielern.

Beschreibung des Spiels

Die Gruppe sitzt in einem Stuhlkreis. Einer beginnt, macht einen bestimmten Gesichtsausdruck, schaut seinen linken Nachbarn an. Dieser verändert seinen Gesichtsausdruck, bis er dem seines Nachbarn gleicht. So „angesteckt" wendet er sich dem nächsten zu, bis alle von dieser „Epidemie" erfaßt sind. Lachen ist erst am Ende erlaubt!

Variationen

Zum Gesichtsausdruck kann auch eine passende Gestik gemacht werden. Wenn die Gruppe steht, kann man sich auch von der Körperhaltung „anstecken" lassen.

Hilfsmittel und Hilfen für die Durchführung

Das Spiel gelingt nur dann, wenn die Gruppe sich konzentriert und nicht ablenken läßt. Das Spiel sollte ohne zu reden ablaufen. Bei Jüngeren empfiehlt es sich, daß die „Ansteckungsgefahr" von der Spielleiterin ausgeht.

Pädagogische Hinweise

Das Spiel fördert die Konzentration und die (körperliche) Nachahmungsfähigkeit. Die Spieler müssen sich ihr Gegenüber genau ansehen und umzusetzen versuchen, was sie sehen. Wie schwierig das sein kann, zeigen Wahrnehmungs- und Imitationsverzerrungen, die sich von Spieler zu Spieler verstärken: Der zuletzt „Angesteckte" unterscheidet sich meist recht deutlich in seinem Gesichtsausdruck vom ersten Spieler.

AUF DEM NATURPFAD

Ausflugsspiel, Naturspiel
Ort: im Freien; in Wäldern, Parks und auf Wiesenflächen
Dauer: 30 Minuten und länger
Eignung: Kinder ab 6 Jahren; für kleinere und größere Gruppen; naturverbundenes Spiel, das Aufmerksamkeit und genaues Beobachtungsvermögen fördert.

Beschreibung des Spiels
Gerüchte gehen um, daß sich durch kosmische Ereignisse die Natur seltsam verändert habe. Die Gruppe wird ausgeschickt, um zu überprüfen, ob an diesen Gerüchten etwas Wahres dran ist. Es werden Teilgruppen gebildet, die eine bestimmte markierte Strecke entlanggehen und längs des Weges schauen, ob es seltsame Veränderungen in der Natur gibt. Diese Veränderungen notiert sich die Gruppe. Sind alle zurück, werden die Ergebnisse miteinander verglichen.
Zur Vorbereitung des Spiels sollte die Spielleitung (bzw. die Vorbereitungsgruppe) auf der vorgesehenen Wegstrecke zahlreiche lustige Veränderungen in der Natur vornehmen. Beispiele: In einer Baumgabel sitzt ein Stofftier; auf einem Moosteppich „wachsen" Hühnereier; ein Baum hat Blüten aus bunten Federn.

Variationen

Bei älteren Spielern könnte es Aufgabe sein, reale Umweltschäden am Rande eines markierten Weges ausfindig zu machen und zu notieren. In diesem Falle könnte man auch gut mit dem Forstamt zusammenarbeiten.

Hilfsmittel und Hilfen für die Durchführung

Ideen und Veränderungen in der Natur sollten bereits zu einem relativ frühen Zeitpunkt gesammelt werden, damit dazu notwendiges Material beschafft werden kann. Für das Anfertigen von Gegenständen sollte ausreichend Zeit zur Verfügung stehen, weil der Reiz des Spiels deutlich von der Qualität der „Umweltveränderungen" abhängig ist.

Pädagogische Hinweise

Bei Jüngeren sollte die Spielleitung die Veränderungen in der Natur vornehmen und auch die Wegstrecke markieren. Bei Älteren könnte diese Aufgabe eine Teilgruppe übernehmen. Denkbar wäre auch, daß zwei Teilgruppen wechselseitig füreinander die Wegstrekke vorbereiten und jeweils eine vorher bestimmte Zahl an Veränderungen in der Natur vornehmen.
Das Spiel fördert einerseits genaue Wahrnehmungsfähigkeit und Zusammenarbeit in der Gruppe. Andererseits sind Einfallsreichtum und gestalterisches Geschick gefordert, wenn es darum geht, die Wegstrecken zu gestalten. Die Spielleiterin sollte in diesem Falle in einer der Teilgruppen mitwirken und ggf. auch kritische Gespräche über Veränderungen in der Natur (durch Umweltbelastungen) initiieren.

DAS GRAUE KÖNIGREICH

Farbenspiel, Erzählspiel
Ort: Klassenzimmer, Gruppenraum
Dauer: etwa 5 Minuten
Eignung: Kinder von 5 bis 8 Jahren; für größere Gruppen bis zu Klassenstärke

Beschreibung des Spiels
Die Spielleiterin erzählt die Geschichte von einem König, in dessen Reich alles grau war: die Bäume, die Blumen, die Häuser, die Autos, sogar der Himmel. Das viele Grau machte den Leuten ganz trübe Stimmung. Der König wollte das gerne ändern und ließ eine weise Frau kommen. Die riet ihm: Laß doch Farben in dein Reich bringen. Der König wußte gar nicht, was das war. Zum Glück wissen wir es, darum wollen wir ihm helfen. Bringt ihm lauter rote Sachen!
Alle Kinder laufen jetzt und kramen aus ihren Sachen etwas Rotes hervor. Alles wird in die Mitte des Kreises gelegt, so daß es dort schön rot aussieht. Die Dinge werden wieder weggepackt (in die Schatzkammer?), und die Geschichte geht mit einer anderen Farbe weiter.
Zum Schluß sind alle fröhlich, und das graue Königreich ist gar nicht mehr grau.
Das Spiel könnte mit einem Lied abschließen.

Variationen

Der König schickt seine Leute jetzt aus, statt der Farben ganz andere Dinge zu bringen: glänzende Dinge, spitze Dinge, runde Dinge, weiche Dinge ... Es richtet sich danach, was im Klassenraum vorhanden und für die Kinder erreichbar ist.

Hilfsmittel und Hilfen für die Durchführung

Wir benötigen Sachen, wie sie normalerweise in jedem Schulranzen und in Klassenräumen vorhanden sind. Eventuell ergänzt man noch durch Krimskrams, den man auf der Fensterbank oder auf einem Tisch auslegen kann.

Pädagogische Hinweise

Bei diesem Spiel machen alle aktiv mit. Es kommt einem Rollenspiel nahe. Die Kinder müssen suchen, wo die passenden Dinge sind, und erleben dann die Vervielfältigung der kleinen Farbtupfer in der Mitte des Kreises. Farben werden auf diese Weise intensiv wahrgenommen und ihr Wert für die Stimmung des Menschen erkannt.

Weil die Hauptfarben dem ersten Schuljahr sicher bekannt sind, ist es reizvoll, auf weniger übliche Farbtöne einzugehen: lila und rosa, türkis und violett, weinrot und beige, erdbraun und dottergelb.

Das Entstehen der Farben in der Mitte des Kreises ist immer wieder überraschend!

DAS IST MEIN APFEL

Konzentrationsspiel
Ort: in größeren Räumen, in einem Stuhlkreis
Dauer: 5–10 Minuten
Eignung: Kinder ab 5 Jahren. Fördert Konzentration und genaue Wahrnehmung. Kleinere Gruppen um etwa 10 Spieler sind empfehlenswert.

Beschreibung des Spiels
Alle Spieler nehmen in einem Stuhlkreis Platz. Sie sollen als Detektive ausgebildet werden. Eine wichtige Fähigkeit des Detektivs besteht darin, genau hinzusehen und sich alles zu merken. Dazu erhält jeder angehende Detektiv einen Apfel, den er sich sehr genau ansehen soll. Danach werden alle Äpfel wieder eingesammelt und dann in beliebiger Reihenfolge ausgeteilt. Jeder Spieler stellt sich jetzt die Frage: „Ist das mein Apfel?" Man gibt die Äpfel im Uhrzeigersinn weiter, bis man seinen Apfel wieder in Händen hält. Hinterher können die Äpfel abgewaschen und gegessen werden.

Variationen
Je nach Alter und Entwicklungsstand der Spieler kann man zu anderen Gegenständen greifen: Zitronen, Apfelsinen, Nüsse (bei etwas älteren Spielern); Socken, eingewickelte Bonbons, Schals (bei jüngeren).

Hilfsmittel und Hilfen für die Durchführung

Die Spielleiterin sollte zunächst selbst versuchen, die ausgewählten Gegenstände voneinander zu unterscheiden. Probleme beim Wiederfinden können Anlaß sein, über mögliche Merkmale dieser Gegenstände ins Gespräch zu kommen. Bei älteren Spielern und schwierigeren Aufgaben können schriftliche Notizen angefertigt werden.

Pädagogische Hinweise

Das Spiel ist gut geeignet, die genaue Wahrnehmung zu fördern. In einem Gespräch über das Spiel kann erörtert werden, woran man seinen Apfel wiedererkannt hat (Größe, Geruch, Färbung der Schale, Art des Stengels, Form des Apfels, besondere Auffälligkeiten). Es ist erstaunlich, daß auch Kinder ihren Apfel relativ leicht wiederfinden können, wenn sie sich nur konzentrieren. Die Spielleiterin sollte in der Regel die Rolle einer Schiedsrichterin und Moderatorin spielen. Je nach Alter der Kinder sollten sich die Äpfel stark oder weniger stark voneinander unterscheiden.

DIASHOW

Konzentrationsspiel, Kooperationsspiel
Ort: in größeren Räumen (möglichst verdunkelbar)
Dauer: ca. 15–20 Minuten
Eignung: Kinder ab 8 Jahren. Stimuliert die Merkfähigkeit der Spieler und begünstigt die Zusammenarbeit. Setzt Ruhe und Konzentration in der Gruppe voraus. Für Gruppen ab 10 Spielern.

Beschreibung des Spiels
Viele kennen vielleicht die üblichen Diavorführungen mit den Bildern vom letzten Urlaub, bei denen so leicht Langeweile aufkommt. Wenn man ein Spiel daraus macht, kann es viel lustiger und spannender werden. Es werden 2 oder 3 Teilgruppen gebildet. Die Spielleiterin zeigt nun einige Dias. Danach erhält jede Gruppe einen Zettel mit (möglichst) lustigen Fragen, die man anhand der gesehenen Dias beantworten kann: „Wer ist zweimal mit seiner rechten Hand aus dem Bild gekommen?", „Welche Farbe hatte der höchste Berg auf dem zweiten Bild?", „Wie heißt die Gastwirtschaft mit den vielen Ochsen davor?", „Wohin bekam die Schöne einen Kuß?", Die Teilgruppen ziehen sich mit ihren Fragen in eine Ecke zurück und versuchen gemeinsam, die richtigen Antworten zu geben.

Variationen

Anstelle von Dias kann man auch verschiedene großformatige Bilder auslegen. Auch hier kommt es darauf an, die Spieler mit Fragen zu verblüffen, auf die sie nicht gefaßt sind.

Hilfsmittel und Hilfen für die Durchführung

Das Spiel hat einen relativ großen Vorbereitungsaufwand: Diaprojektor, Dias, Leinwand und Fragezettel müssen vorhanden sein. Günstig ist es, mehrere Runden zu spielen und dabei von relativ leichten zu schwierigen Fragen zu kommen.

Pädagogische Hinweise

Das Spiel „lebt" von interessanten Dias und überraschenden Fragen. Die Spieler können leicht erkennen, wie stark ihre Wahrnehmung in bestimmte Richtungen festgelegt ist. Ungewöhnliche Fragen regen an, auf andere Dinge als sonst zu achten. Die gute Vorbereitung (in der Regel durch die Spielleiterin) ist schon der halbe Erfolg.

FINDE DEIN GEFÜHL

Ausdrucksspiel, Konzentrationsspiel
Ort: in größeren Räumen
Dauer: ca. 5–10 Minuten
Eignung: Kinder ab 8 Jahren. Ist geeignet, die Fähigkeit, Gefühle zutreffend zu erkennen, weiter auszubilden. Die optimale Gruppengröße liegt um 20 Mitglieder.

Beschreibung des Spiels

Von einem Kartenstoß erhält jeder Spieler eine Karte, auf der ein Gefühl (z.B. „Du bist niedergeschlagen") genannt ist und die angibt, ob der Spieler dieses Gefühl darstellen oder es finden muß. Alle setzen sich in einen Stuhlkreis, so daß jeder jeden sehen kann. Auf ein vereinbartes Zeichen stellt die eine Hälfte „ihr" Gefühl dar. Die andere Hälfte der Spieler schaut sich genau um und versucht festzustellen, wer das gesuchte Gefühl wohl darstellt. Danach werden Vermutungen geäußert. Zuletzt geben sich die Spieler mit „ihren" Gefühlen zu erkennen.

Variationen

Anstelle eines Stuhlkreises können sich die Spieler auch im Raume verteilen und eine „Gefühlsplastik" darstellen (jeweils eine zu jedem Gefühl). Die andere Hälfte der Spieler muß nun versuchen, „ihre" Plastik zu finden. Man kann auch vereinbaren, daß alle das auf der Karte stehende Gefühl darzustellen haben. Alle Spieler gehen bei dieser Variation im Raum herum, treten in Kontakt zu einem jeweils anderen Spieler, indem sie „ihr“ Gefühl zeigen („Begegne Deinem Gefühl“). Es kann vereinbart werden, daß das Gefühl nicht nur mimisch und gestisch, sondern auch durch den Klang der Stimme deutlich werden darf („Höre Dein Gefühl“). Hierbei empfiehlt es sich, in „Kauderwelsch“ zu sprechen.

Hilfsmittel und Hilfen für die Durchführung

Als Einführung könnte die Übung „Beweg Dein Gefühl“ sinnvoll sein: Die Spieler ziehen Karten und bewegen sich nacheinander so, daß den anderen das Gefühl deutlich wird. Auswertungsgespräche können den Eindruck vertiefen.

Pädagogische Hinweise

In spielerischer Weise kann erprobt werden, Gefühle darzustellen und zu erkennen. Dazu sind bereits jüngere Kinder gut in der Lage (wenn man nicht allzu schwierig darzustellende Gefühle verwendet). Das Spiel setzt Ruhe und Konzentration in der Gruppe voraus. Die Spielleiterin sollte sich voll in das Spiel einbeziehen. Wichtig ist, die Abfolge im Spiel genau einzuhalten und darauf hinzuwirken, daß nicht bereits während der Darstellung der Gefühle die Vermutungen geäußert werden. Sind sich die Spieler namentlich nicht bekannt, kann man die eine Seite der Karte mit Ziffern versehen.

FROTTIERT

Ratespiel, Zeichenspiel
Ort: in größeren Räumen mit Zugangsmöglichkeiten zum Freien
Dauer: bis zu 40 Minuten
Eignung: Kinder ab 8 Jahren. Ist geeignet, die visuelle Wahrnehmungsfähigkeit zu fördern („Übersetzung" von haptischen Eindrücken in visuelle). Für Gruppen bis zu 30 Spielern.

Beschreibung des Spiels

Kinder haben großen Spaß, Münzen „durchzureiben", d.h., auf eine Münze ein Stück Papier zu legen und so lange mit einem Bleistift auf dem Papier zu reiben, bis die Münze sich darauf abzeichnet. Dieses Verfahren bezeichnet man als „Frottage". Jeder Spieler erhält einen Bogen weiches Papiers und einen weichen Bleistift (ggf. auch Kohlestifte). Jeder Spieler sucht für sich bemerkenswerte Gegenstände, die sich zum Durchreiben anbieten. Davon fertigt er Frottagen an. Am Ende des Spiels werden alle „frottierten" Gegenstände anhand der aufgehängten Frottagen geraten.

Variationen

Anstelle einzelner Spieler können sich auch Gruppen auf die Suche machen und Frottagen anfertigen. Am Ende des Spiels wird geraten, welche Gegenstände als „Unterlage" für die Bilder dienten. Man kann den

Gruppen auch die Aufgabe stellen, aus einzelnen Frottagen ein Bild herzustellen (ggf. auch als Collage).

Hilfsmittel und Hilfen für die Durchführung

Insbesondere bei Jüngeren sollte die Spielleiterin die Technik der Frottage demonstrieren und ggf. auch auf Gegenstände hinweisen, die für die Aufgabe geeignet sein könnten: Wände, Holz, rauher Fußboden, Gardinen (aus rustikalem Stoff), Schuhabtreter, Schriftzüge, Autoreifen. Weiche Bleistifte, Kohlestifte, großformatiges dünneres Papier, ggf. auch Scheren und Kleber sind für das Spiel notwendig.

Pädagogische Hinweise

Das Spiel sensibilisiert die Spieler für die haptischen Qualitäten ihrer Umgebung und bietet ihnen eine Möglichkeit, den haptischen Eindruck in einen visuellen zu „übersetzen". Den Spielern sollte ausreichend Zeit zum Experimentieren eingeräumt werden. Die Spielleiterin sollte sich an der Suche nach geeigneten „Unterlagen" beteiligen und auch etwas zur abschließenden Ausstellung beitragen.

GEHÖRT, GESEHEN – GEROCHEN, GETASTET

Konzentrationsspiel, Reaktionsspiel, Aufwärmspiel
Ort: in größeren Räumen; in einem Stuhlkreis
Dauer: 5–10 Minuten
Eignung: insbesondere für Kinder der 1. und 2. Klasse. Fördert die Konzentrations- und Reaktionsfähigkeit. Setzt eine ruhige und aufnahmebereite Atmosphäre voraus.

Beschreibung des Spiels

Alle sitzen im Stuhlkreis. Die Spielleiterin erzählt eine spannende Geschichte. Immer, wenn in der Geschichte etwas aus dem Wahrnehmungsbereich vorkommt, deuten die Spieler dies pantomimisch an:
gehört: Hände wie Hörtrichter an ein Ohr,
gesehen: Hände wie ein Fernglas an die Augen,
gerochen: Nase zuhalten,
getastet: mit Fingerspitzen die Wangen berühren.
Wer nicht aufpaßt, sollte ein Pfand abgeben oder (bei etwas älteren Kindern) die Geschichte weitererzählen.

Variationen

Das Auslösen der Pfänder kann man mit Aufgaben aus den Bereichen der Wahrnehmung verbinden. Beispiele: 1) mit geschlossenen Augen ein geflüstertes Wort richtig hören oder die Stimme erkennen; 2) 10 rote Gegenstände im Raum benennen; 3) mit geschlossenen Augen ein Nahrungsmittel am Geruch erkennen; 4) einen Gegenstand nur durch Tasten richtig erkennen.

Hilfsmittel und Hilfen für die Durchführung

Die Geschichte sollte aus der Erlebniswelt der Kinder stammen. Während des Erzählens kann man Anregungen der Kinder aufnehmen und in die Geschichte einbeziehen. Ältere Kinder können durchaus in der Lage sein, die Geschichte fortzuführen.

Pädagogische Hinweise

Das Spiel fördert Konzentration und Reaktionsfähigkeit der Kinder. Es ist geeignet, in spielerischer Weise eine relativ ruhige und aufnahmebereite Stimmung in der Gruppe zu fördern. Insbesondere bei jüngeren Kindern sollte die Spielleiterin die Reaktionsweisen während des Erzählens zunächst noch vormachen und erst nach einiger Zeit es den Kindern zumuten, die richtige Reaktion selbst zu finden.

HAUSDURCHSUCHUNG

Suchspiel, Gewinnspiel
Ort: Klassenzimmer, Gruppenraum
Dauer: je Durchgang ca. 3 Minuten, insgesamt bis zu 15 Minuten
Eignung: Kinder von 6–12 Jahren; zwei Teilgruppen von mindestens 4 Kindern

Beschreibung des Spiels
Die Gruppe teilt sich auf in Schmuggler und Polizisten. Die Polizisten warten vor der Tür, und die Spielleiterin als Diamantenräuberin überreicht den Schmugglern im Raum ganz schnell zehn Glasmurmeln, die Diamanten, warnt aber auch: „Die Polizei kommt!" Deshalb werden die Murmeln ganz schnell im Raum versteckt, aber so, daß man sie sehen kann, z.B. auf der Gardinenstange, am Stuhlbein usw. Nach genau einer halben Minute ballern die Polizisten an die Tür: „Hausdurchsuchung!" Sie stürmen herein und beginnen zu suchen. Jede gefundene Murmel wird laut gezählt: „Eins!" – „Zwei!" usw. Die Detektive haben nur eine Minute Zeit. Was sie bis dahin nicht finden, gehört den Schmugglern.
Das Spiel wird mehrfach wiederholt, jedesmal mit neuen Murmeln. Nach fünf Runden zählen wir, welche Gruppe die meisten Diamanten hat.
Die Spielleiterin muß die Zeit immer genau abstoppen.

Variation

Wir verdoppeln die Anzahl der „Diamanten", aber auch die Versteck- und Suchzeit.

Hilfsmittel und Hilfen für die Durchführung

Mindestens 50 Glasmurmeln, Stoppuhr oder Kurzzeitwecker.

Pädagogische Hinweise

Durch die Zeitbegrenzung wird das Spiel sehr spannend. Alle Teilnehmer müssen in den kurzen Aktionszeiten intensiv mitmachen. Oft bleibt bis zum Schluß offen, wer gewinnen wird.
Eventuelle gibt man den Schmugglern am Anfang eine kurze Beratungszeit, in der aber nicht versteckt werden darf.
Das Spiel fördert schnelle Entscheidung und konzentrierte Wahrnehmung.

STECKNADELKÖNIGIN

Kontaktspiel, Ratespiel
Ort: Klassenzimmer, Gruppenraum
Dauer: ein Durchgang ca. 3 Minuten
Eignung: Kinder ab 6 Jahren; für größere Gruppen bis zu Klassenstärke

Beschreibung des Spiels
Alle Kinder stellen sich eng in einen Kreis und drehen sich dann mit dem Rücken zur Mitte. Jeder streckt auf dem Rücken eine Hand aus, damit die Spielleiterin etwas hineinlegen kann. Das ist je eine Stecknadel mit buntem Kopf, eine davon hat jedoch eine ganz besondere Farbe (golden?). Nun schließen die Spieler ganz vorsichtig die Faust, führen sie vor die Augen und schauen nach, was drin ist. Dann stecken sich alle heimlich die Nadel an die Kleidung, so daß nur noch der Kopf herausguckt.
Anschließend gehen wir alle durcheinander, um das Kind mit der besonderen Nadel, die „Stecknadelkönigin", zu finden. Dazu muß man sich jeden Mitspieler genau angucken. Damit nichts verraten wird, tut die Stecknadelkönigin auch, als wenn sie suchte.
Wer die Stecknadelkönigin erkannt hat, verrät nichts, sondern setzt sich auf seinen Stuhl, bis alle anderen sie auch geraten haben. Zum Schluß geben alle ihre Nadeln wieder ab, und das Spiel kann von vorn beginnen.

Variation

„Streichholzkönig": Statt der Stecknadeln nehmen wir abgebrannte Streichhölzer, welche die Kinder in der Hand behalten. Eines davon ist farbig oder golden angemalt, oder es hat eine Perle als Kopf mit einem Gesicht. Auf Verlangen („Zeig mal!") wird die Faust kurz geöffnet. Hat man den Streichholzkönig erkannt, läßt man sich zur Tarnung noch zweimal Hände öffnen und setzt sich erst dann hin, um sich nicht zu verraten.

Hilfsmittel und Hilfen für die Durchführung

Für jeden Mitspieler eine Stecknadel mit dickem, buntem Kopf, davon soll die eine besonders aussehen. Für die Variante abgebrannte Streichhölzer, eins davon farbig markiert, z.B. mit roter Tinte.

Pädagogische Hinweise

Die Kinder müssen sehr genau hinschauen, um an der Kleidung ihrer Klassenkameraden die winzige Kugel zu entdecken. Auch wenn es zunächst die falsche ist, haben sie einen kleinen Erfolg und bekommen langsam einen Blick für das Suchobjekt. Sobald die Stecknadelkönigin entdeckt ist, heißt es, Selbstbeherrschung zu wahren, damit den übrigen die Freude am Suchen oder am Zuschauen nicht verdorben wird.
Während es beim Stecknadelspiel vorwiegend um die Wahrnehmung geht, haben wir beim „Streichholzkönig" ein Suchspiel, das eher auf Zufall basiert.
Bei beiden Varianten kann die Spielleiterin bestimmen, wer die besondere Rolle bekommt. Die tut vor allem Kindern gut, die sonst eher im Abseits stehen.

TASTEN

EDELSTEINHÖHLE

Suchspiel, Gewinnspiel
Ort: Gymnastikraum, leeres Klassenzimmer
Dauer: ca. 5 Minuten
Eignung: Kinder von 6–10 Jahren; Gruppen von 6–20 Teilnehmern

Beschreibung des Spiels

In einer Höhle gibt es viele Edelsteine. Leider ist es dort stockdunkel. Aber man kann die Steine finden, wenn man barfuß geht …
Alle Spieler verbinden sich gegenseitig die Augen und ziehen die Schuhe aus. Der Spielleiter rollt zwei bis drei Handvoll Murmeln (am besten Keramik-Murmeln) auf dem Fußboden aus. Nun kann das Suchen losgehen. Wer zum Schluß die meisten Murmeln hat, gewinnt das Spiel.

Variation

Es darf, ebenfalls mit verbundenen Augen, auf allen vieren durch die Höhle gekrochen werden. Die Spieler fühlen sich so sicherer und können mit den Händen die Umgebung abtasten und Zusammenstöße mit anderen Suchern vermeiden.

Hilfsmittel und Hilfen für die Durchführung

Für jeden Spieler eine Augenbinde, viele Murmeln.

Pädagogische Hinweise

Die Spielleiterin muß Verletzungsgefahren ausschließen. Eventuell wird die Gruppe geteilt, damit die Hälfte der Teilnehmer an den Wänden stehen kann, um zu verhindern, daß jemand mit verbundenen Augen dagegen läuft. Das macht auch die Sucher sicherer. Die kleinen Erfolgserlebnisse motivieren die Kinder zum Weitersuchen. Je mehr Spieler teilnehmen, desto mehr Murmeln sollten auf dem Boden liegen.

EINE FEDER WEITERGEBEN

Partnerspiel, Reaktionsspiel
Ort: Klassenzimmer, Gruppenraum
Dauer: ein Durchgang ca. 1 Minute
Eignung: Kinder von 5 Jahren an; für kleinere Gruppen, aber auch ganze Klassen

Beschreibung des Spiels
Die Spieler stehen sich als Paare gegenüber. Einer schließt die Augen und streckt dem Partner die Hand als offene Schale entgegen. Der andere läßt eine Feder oder ein Watteflöckchen ganz vorsichtig auf die Hand des anderen fallen. Dieser soll sagen, wann er die Berührung spürt. Hat er richtig gefühlt, darf er die Augen wieder öffnen. Danach tauschen wir die Rollen, und der andere kommt dran. Wenn die Sache gut klappt, versuchen wir es gleich noch mit einem anderen leichten Ding: mit einem leichteren Flöckchen Watte oder mit gezupfter Schafwolle.

Variation
Alle sitzen im Kreis, und die Feder wird zunächst mit offenen Augen von einer Hand zur anderen weitergegeben. Dabei soll man schon einmal versuchen, die Berührung zu spüren. Danach schließen alle die Augen, und das Herumgeben wiederholt sich. Wer die Feder spürt, öffnet die Augen und gibt sie weiter. Damit der Anfang nicht zu schwer ist, fängt man mit einem dicken

Wattebausch an und kommt langsam zu immer feineren und leichteren Flocken.
Für diese Variante darf der Kreis nicht zu groß sein.

Hilfsmittel und Hilfen für die Durchführung
Flaumfedern (z.B. Daunen), Watteflocken, gezupfte Schafwolle.

Pädagogische Hinweise
Bei diesem Spiel müssen die Kinder sehr ruhig sein, weil sonst die Feder oder Flocke schon mit der Atemluft wegg eblasen wird. Sie müssen sich konzentrieren, damit sie die leichte Berührung überhaupt spüren.
Eigentlich ist gerade der Handteller sehr empfindsam gegenüber Berührungen. Trotzdem kann das Tastgefühl versagen. Bei Federn merkt man manchmal erst durch die entstehende Wärme, daß etwas auf dem Handteller liegt.
Weil die Augen nur geschlossen gehalten werden, ist Ehrlichkeit gefragt. Es empfiehlt sich, zur Einführung die Sache von zwei Kindern vorführen zu lassen.

EINGEREIHT

Konzentrationsspiel, Denkspiel
Ort: ein größerer Raum; auch im Freien möglich
Dauer: ca. 10–15 Minuten
Eignung: Kinder ab 6 Jahren. Geeignet, um das Tastvermögen bei Differenzierungsaufgaben auszubilden; bringt Spaß und fördert das Zusammengehörigkeitsgefühl. Optimal für Gruppen um 20 Mitglieder.

Beschreibung des Spiels

Die Spieler müssen – ohne zu sehen – Reihen bilden und dabei verschiedene Kriterien beachten. So könnte man blind eine Reihe bilden, bei der der Größte am Anfang der Kleinste am Ende steht. Durch Betasten müssen die Spieler ihren Platz in der Reihe finden und sich mit Hilfe der anderen einreihen. Je nach Alter der Gruppe kann man ganz unterschiedliche Kriterien vereinbaren: Haarlänge, Schuhgröße, Länge des Zeigefingers, Taillenumfang (jeder Spieler benötigt dazu eine Schnur).

Variationen

Es gibt auch Aufgaben, die man nur mit geöffneten Augen lösen kann: sich z.B. dem vermuteten Alter nach einzureihen, sich nach den Postleitzahlen seines Herkunftsortes aufzustellen (ohne miteinander zu reden). Reihen dieser Art lassen sich gut als Kennenlernspiel verwenden.

Hilfsmittel und Hilfen für die Durchführung

Tücher zum Verbinden der Augen sollten (insbesondere bei Jüngeren) vorhanden sein. Bei Jüngeren empfehlen sich auch märchenhafte Einkleidungen der Spielaufgabe („Im Lande ‚Hahare' gilt der mit den längsten Haaren am meisten. Die Menschen von ‚Hahare' können nichts sehen. Ob sie wohl herausbekommen können, wer bei ihnen der König ist?").

Pädagogische Hinweise

Das Spiel setzt eine Gruppe voraus, die friedlich miteinander umgehen kann und relativ entspannt ist. Das Spiel fordert haptische Differenzierungsfähigkeit. Bei Jüngeren ist es wichtig, daß sie bei geschlossenen Augen keine Angst mehr haben und sich der Gruppe anvertrauen können. Gegenseitige Hilfe und Rücksichtnahme wird durch das Spiel stimuliert. Bei Jüngeren könnte man mit geöffneten Augen beginnen und erst im späteren Spielablauf (leichtere) Aufgaben vorschlagen, die man mit geschlossenen Augen spielen kann. Bei Älteren kann sich die Spielleiterin voll in das Spielgeschehen einbeziehen. Bei Jüngeren kann es sinnvoll sein, in den Spielablauf sehr behutsam einzugreifen, so daß kein Kind Angst bekommt und sich überfordert fühlt.

ERTASTET

Partnerspiel, Vertrauensspiel
Ort: in größeren Räumen, auch im Freien (auf einer Wiese) möglich
Dauer: etwa 10–15 Minuten
Eignung: für Kinder ab 8 Jahren. Fördert das Vorstellungsvermögen aufgrund haptischer Eindrücke. Trägt zu einer vertrauensvollen Atmosphäre bei. Für Gruppen zwischen 10 und 25 Mitgliedern.

Beschreibung des Spiels

Die Gruppe bildet Paare. Einer der beiden schließt die Augen, der andere formt seinen Körper zu einer „Plastik". Diese „Plastik" muß der „Blinde" ertasten und dann nachstellen. Dabei sollte er mit Ruhe vorgehen und sich Zeit nehmen.

Variationen

Man kann auch vereinbaren, daß zwei Spieler etwas vormachen und zwei andere es ertasten und nachstellen (bei genügend Übung und Erfahrung).

Hilfsmittel und Hilfen für die Durchführung

Der Stimmung des Spiels angemessene Musik ist z. B. Otte: „Part 1". Musik kann die ruhige und aufnahmebereite Stimmung, die das Spiel fordert, verstärken.

Pädagogische Hinweise
Das Spiel fordert eine ruhige und entspannte Atmosphäre. Stärkere Spannungen, motorische Unruhe und Albernheiten unter den Spielern stehen diesem Spiel entgegen. Es fordert Vertrauen von den Gruppenmitgliedern und ein dem Spiel angemessenes Verhalten. Ein entsprechendes Gruppenklima ist eine notwendige Voraussetzung für das Gelingen des Spiels. Visuelles Vorstellungsvermögen aufgrund haptischer Eindrücke aber auch Einfallsreichtum und Geschick werden durch das Spiel gefördert. Bei entsprechenden Gruppen sollte die Spielleiterin in vollem Umfang mitwirken, ansonsten beratend zur Seite stehen.

GOLDSUCHER

Suchspiel, Gewinnspiel, Ausflugsspiel
Ort: Spielplatz, Wiese, Garten, Schulhof, ca . 10 x 10 m Fläche
Dauer: eine Suche ca. 2 Minuten
Eignung: Kinder von 6–10 Jahren; Gruppen von 10–30 Teilnehmern

Beschreibung des Spiels

Auf unserem Spielgelände kann man Gold finden, allerdings nur mit einem „Gold-Detektor". Das ist ein langer Stab.
Alle Teilnehmer stehen verteilt am Rande des Spielfeldes, das mindestens 10 x 10 m groß sein sollte. Einer ist der Goldsucher, der mit verbundenen Augen ein Nugget auf dem Platz finden soll, z.B. ein Bonbon. Dazu tastet er mit dem Stab den Boden ab. Die Gruppe leitet ihn durch Pieptöne, die immer schneller aufeinanderfolgen, je näher er dem Suchgegenstand kommt. Berührt er ihn mit dem Stock, setzt ein Dauerton ein. Jetzt darf mit den Händen getastet werden. Ist der Gegenstand gefunden, kommt der nächste Spieler dran.

Variation

Statt des Stockes schiebt man einen Mitspieler vor sich her, der sehend ist und den Detektor darstellt. Er verrät ebenfalls durch Pieptöne die rechte Richtung. In diesem Fall verdoppeln wir den Gewinn-Einsatz, so daß beide

Akteure etwas bekommen. Hier wäre es möglich, mehrere Paare gleichzeitig loszuschicken, jedes zu einem anderen Ziel.

Hilfsmittel und Hilfen für die Durchführung
Ein Stock, kleine Geschenke.

Pädagogische Hinweise
Anders als beim gewöhnlichen Topfschlagen ist hier die ganze Gruppe aktiv. Der Einzelspieler, der durch die Augenbinde verunsichert ist, darf erleben, daß man ihn nicht im Stich läßt. Die Spielleiterin sollte darauf achten, daß die Gruppe den Sucher nicht etwa anführt.
Bei der Variation ist der Partnerkontakt sehr stark. Beide sind auf faires Spiel und vorsichtigen Umgang miteinander angewiesen.

HANDLICHE GEFÜHLE

Partnerspiel, Vertrauensspiel
Ort: in kleineren und größeren Räumen
Zeit: ca. 10 Minuten
Eignung: einfaches Partnerspiel, das speziell für Kinder geeignet ist. Eine kleinere Gruppengröße ist vorteilhaft. Das Spiel fördert den körperlichen Ausdruck von Gefühlen und sensibilisiert für Gefühlswahrnehmungen.

Beschreibung des Spiels
Zwei Spieler tun sich zusammen und tauschen Gefühle aus. Das Paar erhält einen Satz Zettel mit verschiedenen Gefühlszuständen, z.B. „lustig", „traurig", „hinterhältig", „zornig". Einer der beiden Spieler schließt die Augen und legt seine Hand vor sich auf den Tisch. Der andere Spieler zieht den ersten Zettel und berührt die Hand seines Mitspielers so, daß das angegebene Gefühl für ihn deutlich wird. Errät der Spieler das Gefühl, wechseln sie die Rollen. Das geht so lange, bis der Kartenstoß aufgebraucht ist oder die Spieler keinen Spaß mehr an dem Spiel haben.

Variationen
Bei kleineren Gruppen könnte es reizvoll sein, das Gefühl im Kreis wandern zu lassen: Die Gruppe setzt sich in einen Stuhlkreis, und das Gefühl wird durch Berühren der Hand von Spieler zu Spieler weitergegeben.

Hilfsmittel und Hilfen für die Durchführung

Vorteilhaft auf das Gelingen dieses Spiels wirkt sich ein relativ großer, ruhiger Raum aus, in dem sich die Spieler so verteilen können, daß sich die Paare weitgehend unbeeinflußt durch andere dem Spiel zuwenden können.

Pädagogische Hinweise

Das Spiel setzt eine ruhige und entspannte Gruppe voraus, die Spaß daran hat, mit den Formen des Gefühlsausdrucks zu experimentieren. Das Spiel fördert die Fähigkeit, Gefühle angemessen auszudrücken und wahrzunehmen. Die Spielleiterin sollte die Spieler ermutigen, in den Paaren über die Wahrnehmung zu reden und auch Erfahrungen aus der Lebenswelt einfließen zu lassen. Bei Kindern ist es sinnvoll, daß die Spielleiterin die einzelnen Paare berät.

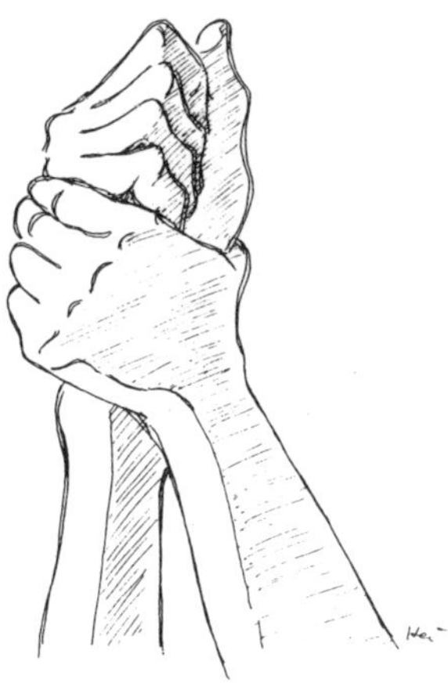

IM SCHUHGESCHÄFT

Partnerspiel
Ort: in größeren Räumen
Dauer: ca. 10 Minuten
Eignung: Kinder ab 8 Jahren. Geeignet, um sich mit dem Tastsinn in vielschichtiger Weise zu orientieren. Die optimale Gruppengröße liegt um 10 Spieler.

Beschreibung des Spiels
Es geht darum, „blind" die richtigen Schuhe zu finden und dem Partner anzuziehen. Dazu bilden sich Paare: „Käufer" und „Verkäufer". Die „Käufer" setzen sich in einen Stuhlkreis (auf genügend Abstand von Spieler zu Spieler achten). Sie ziehen einen ihrer Schuhe aus. Die Schuhe werden in die Mitte des Kreises gelegt. Auch die „Verkäufer" ziehen einen ihrer Schuhe aus und legen ihn in die Mitte des Kreises. Nun werden die Augen der „Verkäufer" verbunden, und das Spiel beginnt. Die „Verkäufer" ertasten den Schuh ihres „Kunden" und versuchen dann, aus dem Stapel der Schuhe das passende Stück zu finden und ihrem „Kunden" anzuziehen. Gelingt dies, tauschen „Käufer" und „Verkäufer" die Rollen, bis alle ihre passenden Schuhe wieder anhaben.

Variationen
Bei etwas älteren Spielern kann der „Käufer" auch beide Schuhe ausziehen und in die Mitte legen (vorher

muß der „Verkäufer" jedoch einen Tasteindruck davon bekommen). Der „Käufer" sollte beim Anprobieren nichts sagen. Das Ergebnis kann manchmal recht lustig sein.

Hilfsmittel und Hilfen für die Durchführung

Bei Jüngeren kann man vor dem Spiel das Ertasten der Schuhe und das Anziehen proben. „Scherze", um die „blinden" Mitspieler zu blamieren, sollten bei dem Spiel vermieden werden.

Pädagogische Hinweise

Beim Spiel sind die Beteiligten darauf angewiesen, sich voll auf ihren Tastsinn zu verlassen. Wie fühlen sich die Schuhe an? Passen diese dazu? Wie kann ich „blind" dem anderen die Schuhe anziehen und zubinden? Durch die Aufteilung in Paare, die gleichzeitig spielen, sind Blamiersituationen deutlich vermindert. Die Spielleiterin sollte in vollem Umfang mitwirken, also die Rollen der „Käuferin" und „Verkäuferin" spielen.

LANDSCHAFTEN AUS EINER HAND

Phantasiespiel, ruhiges Spiel
Ort: in größeren und kleineren Räumen an einem Tisch
Zeit: etwa 10 Minuten
Eignung: ruhiges und phantasievolles Wahrnehmungsspiel für kleine evtl. parallel spielende Gruppen; fördert das Vorstellungsvermögen und die Phantasie; besonders für Kinder geeignet.

Beschreibung des Spiels

Eine kleine Gruppe von Spielern formt (nur) mit ihren Händen auf einem größeren Tisch eine „Handlandschaft". Einem Mitspieler werden zuvor die Augen verbunden. Mit seinem Zeige- und Mittelfinger „wandert" er durch die Landschaft und versucht, ihre Besonderheiten in Erinnerung zu behalten. Noch mit verbundenen Augen berichtet der „Wanderer" dann, was er alles in dieser Handlandschaft entdeckt hat: Hügel, Berge, Täler, verschlungene Pfade, Bäume, tiefe Löcher. Danach kann ein weiterer Mitspieler zum „Wanderer" in einer anderen „Handlandschaft" werden.

Variationen

Es können auch zwei Spieler gemeinsam auf die „Wanderschaft" gehen und über die Besonderheiten der Landschaft ins Gespräch kommen. Vielleicht treffen sie sich auch zufällig und begrüßen sich.

Hilfsmittel und Hilfen für die Durchführung

Am besten geeignet ist ein Tisch, an dem alle Spieler Platz haben und ihre Hände und Unterarme „unterbringen" können.

Pädagogische Hinweise

Das Spiel setzt eine ruhige Atmosphäre in der Gruppe voraus und die Bereitschaft bei den Spielern, sich auf die phantasievollen Erlebnisse der „Wanderer" einzulassen. Das Spiel kommt dem Wunsch vieler Kinder nach einer einfachen, phantasievollen Spielform sehr entgegen, die sie an Fingerspiele erinnert, die sie früher gespielt haben mögen. Gerade für diese Gruppe empfiehlt es sich, das Spiel mit einer kleinen Spielgeschichte einzuleiten. Die Spielleiterin sollte sich in das Spiel einbeziehen und ihre Hände für die verschiedenen „Landschaften" zur Verfügung stellen. Bei kleineren Kindern könnte sie auch den Spieler bei seiner „Wanderung" befragen.

MÜNZLEIN, DU MUSST WANDERN

Gedächtnisspiel, Konzentrationsspiel
Ort: in größeren Räumen; auch im Freien möglich
Dauer: ca. 15 Minuten
Eignung: Kinder ab 8 Jahren. Geeignet, die haptische Wahrnehmungsfähigkeit und die Gedächtnisfähigkeit zu fördern (ebenso Rechenleistungen). Ruhe und Konzentration in der Gruppe sind notwendig. Für Gruppen ab 10 Spielern.

Beschreibung des Spiels

Die Spieler sollen durch Betasten den Wert verschiedener Münzen herausfinden und zusammenrechnen, wieviel durch ihre Hände gegangen ist. Dazu bildet die Gruppe einen Kreis. Die Hände werden hinter dem Rücken gehalten. Die Spielleiterin gibt dem ersten Spieler im Kreis nach und nach die Münzen. Dieser betastet sie, merkt sich ihren Wert und gibt sie an seinen Nachbarn weiter. So wandern alle Münzen langsam von Spieler zu Spieler. Wenn ein Spieler alle Münzen betastet hat, notiert er sich die Summe des Geldbetrages auf einem kleinen Zettel. Am Ende des Spiels wird die richtige Summe bekanntgegeben, und jeder kann überprüfen, wie genau er das Ergebnis getroffen hat. In einem Gespräch können die „greifbaren" Qualitäten, die zur Identifizierung geführt haben, benannt werden: Woran erkennt man ein 50-Pfennig-Stück? Worin besteht der Unterschied zu einem 2-Pfennig-Stück?

Variationen

Es können auch verschiedene ausländische Münzen verwendet werden. Sie sollten vorher jedoch den Spielern zu einer „Fühlprobe" überlassen werden. Man sollte sich auf zwei Währungen mit insgesamt bis zu 10 Münzen begrenzen, da sonst insbesondere Jüngere überfordert würden.

Hilfsmittel und Hilfen für die Durchführung

Alle Münzsorten sollten verwendet werden. Die Menge richtet sich nach Alter und Anzahl der Spieler. Bei einer recht großen Gruppe könnte ein zu großer Münzumlauf Langeweile aufkommen lassen. Jüngere sollte man in ihrer Konzentrations- und Merkfähigkeit nicht überfordern. Bei Älteren könnte eine Auswertung der Einzelergebnisse recht interessant sein. Meist liegt der Mittelwert aller Schätzungen dem tatsächlichen Geldbetrag ziemlich nahe.

Pädagogische Hinweise

Das Spiel ist gut geeignet, die Aufmerksamkeit auf die haptische Wahrnehmung zu lenken. Merkfähigkeit und Kon zentration werden durch das Spiel in besonderer Weise gefördert. Das Spiel setzt eine entsprechende Atmosphäre vo raus. Bei starkem Bewegungsbedürfnis in der Gruppe sollte man das Spiel nicht vorschlagen. Die Spielleiterin hat die Rolle einer Schiedsrichterin und Animateurin.

NACHBAUER

Partnerspiel, Konzentrationsspiel
Ort: in Räumen
Dauer: ca. 10 Minuten
Eignung: Kinder ab 8 Jahren. Geeignet, die räumliche Orientierung und das Vorstellungsvermögen vermittels des Tastsinns auszubilden. Paarspiel für Gruppen um 10 Spieler.

Beschreibung des Spiels
Aufgabe ist es, „blind" einen mit Bauklötzen gelegten Gegenstand nachzubauen. Dazu werden Paare gebildet. Jedes Paar erhält eine größere Menge Bauklötze. Einem der beiden Spieler werden die Augen verbunden. Der andere baut aus etwa 10 bis 20 Bauklötzen einen Gegenstand. Der „Blinde" tastet nun diesen Gegenstand ab und versucht, ihn mit Bauklötzen nachzubauen. Dann schaut er, ob es gelungen ist. Anschließend tauschen beide Partner ihre Rolle.

Variationen
Man kann damit anfangen, die „Bauvorlage" Stück für Stück zu ertasten und Stück für Stück auch nachzubauen. Sind die Spieler dann etwas geübter, können sie vereinbaren, mit 5 Tastversuchen auszukommen. Für sehr geübte Spieler reicht es vielleicht aus, das Bauwerk nur einmal zu ertasten und dann gleich nachzubauen. Anstelle hölzerner Bauklötze kann man auch Lego-Steine nehmen.

Hilfsmittel und Hilfen für die Durchführung

Eine Wettbewerbsorientierung zwischen den beiden Spielern sollte vermieden werden. Günstiger ist es, wenn sie sich darüber austauschen, mit welchen Hilfen sie die Aufgabe lösen konnten. Die Spielleiterin sollte reichlich „Baumaterial" zur Verfügung stellen.

Pädagogische Hinweise

Durch das Ertasten der Bauklötze muß der „Blinde" sich eine Vorstellung von dem nachzubauenden Gegenstand machen. Das Spiel fördert also in besonderer Weise das räumliche Vorstellungs- und Erinnerungsvermögen. Die Anzahl der zu verwendenden Bauklötze sollte vom Alter und den Erfahrungen der Spieler abhängig gemacht werden. Am besten ist es, mit wenigen Bauklötzen anzufangen und sich nach und nach zu steigern – von flächigen bis zu dreidimensionalen Objekten. Die Spielleiterin sollte mitspielen. Bei Jüngeren kann es sinnvoll sein, zuzuschauen und ggf. Hilfen zu geben.

TELEFAX

Konzentrationsspiel, Kooperationsspiel
Ort: in größeren Räumen; auch im Freien möglich
Dauer: ca. 10 Minuten
Eignung: Kinder ab 8 Jahren. Geeignet, um Berührungseindrücke in Seheindrücke zu „übersetzen". Setzt ruhige und aufnahmebereite Atmosphäre voraus. Für kleinere Gruppen um 10 Spieler.

Beschreibung des Spiels
Eine Möglichkeit der neuen Medien ist die Bildübermittlung auf der Telefonleitung. Die Spieler bilden eine solche „Telefonleitung". Dazu setzen sie sich hintereinander auf den Boden (mit etwa 30 cm Abstand voneinander). Der Spieler am Anfang der „Leitung" notiert sich auf einem Stück Papier das zu übermittelnde (einfach gehaltene) Bild. Nun „überträgt" er es auf den Rücken seines Vordermannes. Die „Bildübertragung" wandert jetzt von Rücken zu Rücken, bis sie an den letzten Spieler gelangt. Dieser überträgt den Wahrnehmungseindruck auf seinem Rücken auf ein Stück Papier. Danach werden beide Zeichnungen miteinander verglichen. Hat die Gruppe Spaß an dem Spiel, können andere Spieler die Rolle des Senders und des Empfängers übernehmen.

Variationen
Anstelle des Rückens als „Übermittlungsmedium" kann man auch die Handflächen nehmen. Anstelle von Bildern können auch Texte übermittelt werden.

Hilfsmittel und Hilfen für die Durchführung
Vor dem Spiel kann man in Paaren Vorübungen machen, um die „Übermittlungsqualität" zu verbessern.

Pädagogische Hinweise
Das Spiel fordert, Berührungseindrücke zu „sehen" und in eine Zeichnung zu übertragen: für viele recht ungewohnt. Zu dem Spiel ist Ruhe und Konzentration nötig. Die Spielleiterin sollte sich in das Spiel in vollem Umfang einbeziehen.

VERWUNSCHENES SCHLOSS

Ruhiges Spiel, Vertrauensspiel
Ort: in größeren Räumen
Zeit: 10 Minuten und mehr
Eignung: spannendes und vergnügliches Spiel insbesondere für kleinere Kindergruppen. Fördert die Wahrnehmung in sozialen Zusammenhängen und begünstigt die Fähigkeit, sich angemessen zu helfen.

Beschreibung des Spiels
Ein Mitspieler ist „blind" in ein verwunschenes, dunkles Schloß geraten. Die ehemaligen Bewohner des Schlosses sind in Wände, Mauern und Türen verwandelt worden und hoffen auf ihre Erlösung. Erlöst sind sie, wenn ein Wanderer durch die Gänge des Schlosses geht, einen ganz bestimmten Gegenstand findet und den Namen dieses Gegenstandes sagt. Das ist nicht so einfach, denn das Schloß ist absolut dunkel, und die „Wände" haben zwar Ohren und Augen, können aber nicht reden. Berührt der Wanderer einen der Verwunschenen, kann ihn dieser behutsam und vorsichtig in die Richtung lenken, wo sich der gesuchte Gegenstand befindet. Dabei darf er seine Hände nicht verwenden. Der gesuchte Gegenstand liegt auf dem Boden, und die Gänge in dem Schloß sind teilweise so niedrig, daß man kriechen muß.

Variationen

Anstelle eines Spielers kann man auch zu zweit in das verwunschene Schloß gehen. Bei mutigen Spielern könnte man auch ein Schloßgespenst in den Gängen „blind" spuken lassen.

Hilfsmittel und Hilfen für die Durchführung

Während der Wanderer vor der Tür wartet, kann man mit den Mitspielern und einigen Decken und Tüchern das verwunschene Schloß gestalten. Ein relativ kleiner, nicht allzu rasch erkennbarer Gegenstand wird dann auf den Boden gelegt. Hat der Wanderer zu große Schwierigkeiten, die Aufgabe zu lösen, darf ein „guter Geist" ihm einige Hinweise ins Ohr flüstern.

Pädagogische Hinweise

Das Spiel ist gut geeignet, sinnliche Wahrnehmung und die Fähigkeit zu angemessener Hilfe zu fördern. Insbesondere bei Kindern (für die dieses Spiel besonders geeignet ist) ist es wichtig, vorweg eine spannende Geschichte zu erzählen, die gut auf das Spiel vorbereitet. Die Spielleiterin sollte sich in das Spiel einbeziehen und Teil des verwunschenen Schlosses werden. Das Spiel setzt eine Gruppe voraus, die in der Lage ist, selbst in einer spannenden Situation nichts zu sagen.

WOHER WEHT DER WIND?

Ratespiel
Ort: Klassenzimmer, Gruppenraum, Halle
Dauer: ein Durchgang ca. 3 Minuten
Eignung: Kinder von 5 Jahren an; Gruppen von Klassenstärke oder kleinere Spielgruppen

Beschreibung des Spiels
Alle Spieler stehen in einem weiten Kreis. Jedes Kind hat ein Blatt Karton in der Hand (oder ein Schulheft oder eine Zeitung). Einer geht mit verbundenen Augen in die Mitte. Jetzt zeigt die Spielleiterin wortlos auf zwei bis drei nebeneinander stehende Kinder, die dann mit ihren Kartons Wind fächeln sollen. Der Spieler in der Mitte muß spüren und erraten, aus welcher Richtung der Wind weht. Damit er sich nicht an Geräuschen orientieren kann, muß man sie ventuell überdecken, indem alle gleichzeitig mit den Füßen scharren.

Variation
Wir können den Kreis öffnen und die Windmacher in eine entfernte Ecke stellen. Jetzt muß das ratende Kind herumwandern, bis es den Wind spürt – oder hört.

Hilfsmittel und Hilfen für die Durchführung
Für jedes Kind ein Stück Karton (oder ein Heft, eine Zeitung, ein Zeichenblock...).

Pädagogische Hinweise
Das Spiel schärft den Sinn der Haut für Wärme und Kälte. Es ist für die ratenden Kinder leichter, den Lufthauch zu spüren, wenn sie bloße Arme haben. Also ein Sommerspiel oder ein Spiel als Abschluß der Turnstunde!

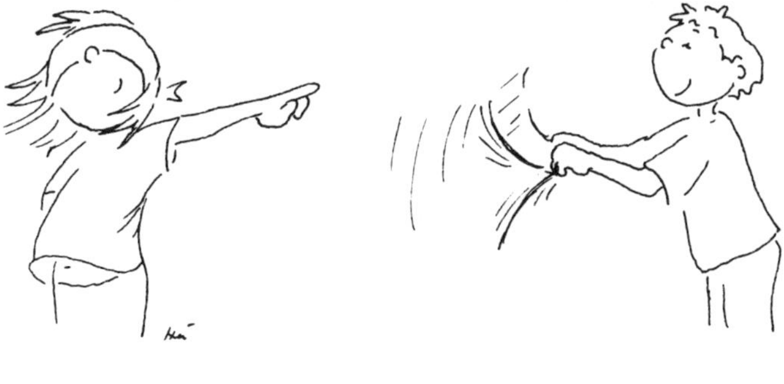

ZAUBERSTEIN

Suchspiel, Partnerspiel, Vertrauensspiel
Ort: Feld, Wald, Wiese, Gruppenraum, Klassenraum
Dauer: ein Durchgang ca. 4 Minuten
Eignung: Kinder ab 4 Jahren bis etwa 10 Jahre. Sobald die Pubertät einsetzt, wird das Spiel sicher abgelehnt.

Beschreibung des Spiels

Ein Mitspieler geht vor die Tür oder hält sich die Augen zu. Der Spielleiter versteckt am Körper eines anderen Kindes einen etwa walnußgroßen Stein und verzaubert es damit – es steht jetzt stocksteif und rührt sich nicht mehr.
Der erste Spieler muß jetzt den Körper des Verzauberten abtasten, bis er den Stein fühlt und entfernen kann. Damit hat er den Verzauberten erlöst.

Variation

Statt des Steinchens kann man andere kleine Gegenstände benutzen, die bei der Hand sind.
Durch schnelles oder langsames „Piep-piep" kann der Verzauberte den Sucher führen.
Ist das Spiel eingeführt, können auch mehrere Spielerpaare gleichzeitig aktiv sein.

Hilfsmittel und Hilfen für die Durchführung

Ein walnußgroßer Stein.

Pädagogische Hinweise

Vom Verzauberten wird Selbstbeherrschung verlangt, weil er sich nicht rühren soll und leise sein muß. Sicher wird er irgendwann in Gelächter ausbrechen! Für beide Spielpartner bringt das Spiel starken Körperkontakt. Berührungsängste können damit abgebaut werden.

Wer nicht mitspielen mag, sollte nicht dazu gezwungen werden!

RIECHEN UND SCHMECKEN

JAGDHUNDE

Suchspiel
Ort: in größeren Räumen
Dauer: ca. 10 Minuten
Eignung: Kinder ab 8 Jahren. Geeignet für die Schärfung der sinnlichen Wahrnehmung. Für kleinere Gruppen um ca. 10 Spieler.

Beschreibung des Spiels

Die Spieler „verwandeln" sich in „Jagdhunde" und orientieren sich nach dem Geruch. Den „Jagdhunden" (etwa der Hälfte der Spieler) werden die Augen verbunden. Sie beriechen einen mit Parfüm getränkten Lappen und müssen nun das „Wild" aufspüren. Das sind Mitspieler (oder Gegenstände im Raum), die den gleichen Geruch an sich haben. Damit es nicht zu schwierig wird, kann das „Wild" einen Kreis bilden und muß auf der Stelle verharren. Haben die „Jagdhunde" das „Wild" aufgespürt, kann das Spiel mit umgekehrten Rollen weitergehen.

Variationen

Um das Spiel noch spannender zu gestalten, kann man zwei Parteien bilden. Zu jeder Partei gehören „Jagdhunde" und „Wild". Jede Partei hat ihre eigene Geruchsmarkierung. Welche „Jagdhunde" haben ihr „Wild" schneller gefunden? Das „Wild" darf sich nicht von der Stelle bewegen und auch nicht Lautäußerungen von sich geben. Stehen viele verschiedene Gerüche zur Verfügung, kann man auch in Paaren spielen. Einer ist „Jagdhund", der andere „Wild". Der „Jagdhund" muß sein „Wild" (dessen Geruch nur einmal vorkommt) von anderer Jagdbeute unterscheiden und es möglichst schnell finden.

Hilfsmittel und Hilfen für die Durchführung

Die Spielleiterin sollte sich eine größere Sammlung von „Geruchsproben" und Lappen beschaffen. Es kann vereinbart werden, daß das „Wild" an einer bestimmten Körperstelle geruchsmäßig markiert wird (z.B. an der rechten Hand, hinter dem Ohr).

Pädagogische Hinweise

Das Spiel lenkt die Aufmerksamkeit auf das Riechvermögen. Für viele wird es sicher recht ungewohnt sein, anstelle des Sehsinns ihrem Geruch zu vertrauen. Von welcher Entfernung können sie die Geruchsquelle noch wahrnehmen? Die Spielleiterin sollte sich in das Spiel einbeziehen (zu Beginn als „Wild").

KRAUT UND RÜBEN

Kontaktspiel, Ratespiel
Ort: Klassenzimmer, Gruppenraum
Dauer: nach der Vorbereitung ca. 10 Minuten
Eignung: Kinder ab 6 Jahren; für kleinere oder größere Gruppen bis zu Klassenstärke

Beschreibung des Spiels
Zur Vorbereitung werden verschiedene Wurzelgemüse in etwa gleich große Würfelchen geschnitten und getrennt in Schüsseln gegeben. Es eignen sich dazu: Möhren, Kohlrabi, Sellerie, Steckrüben und Rettich.
Die Schüsseln stellen wir auf einen Angebotstisch in der Mitte des Kreises. Damit die Kinder eine Vorstellung haben, welches Gemüse in den Schüsseln ist, legen wir jeweils eine Rübe im Urzustand daneben.
Jeder Mitspieler erhält eine Untertasse und holt sich aus den verschiedenen Schüsseln mit dem Teelöffel ein paar Würfelchen.
Zuerst wird gekostet, und die Spielleiterin sagt an, was wir kosten: Orange – das ist Möhre. Hellgelb – das ist Steckrübe. Grünweiß – das ist Kohlrabi usw.
Jetzt geht es in Partnerarbeit weiter: Einer schließt die Augen, der andere füttert ihn mit Rübenstückchen. Er soll schmecken, um was es sich handelt. Dann kommt der andere dran.

Variation

Statt der Rüben kann man auch Kohl nehmen: Weißkohl, Chinakohl, Wirsing, Eisbergsalat, Blattsalat (die Rippen!). Hierbei ist die Unterscheidung viel schwerer.

Hilfsmittel und Hilfen für die Durchführung

Verschiedene Wurzel- oder Kohlgemüse, Schüsseln dafür und Löffel zum Herausnehmen, für jeden Spieler eine Untertasse.

Pädagogische Hinweise

Hier kommt es auf das Unterscheidungsvermögen der Zunge an. Da alle Wurzelgemüse beim Kauen etwa die gleiche Härte haben, können die Spieler nur durch den Geschmack einen Unterschied feststellen. Kinder wissen oft nicht, was die Mutter ihnen zu Hause vorsetzt, oder sie kennen die Gemüse nur im gekochten Zustand, weil sie bei der Zubereitung nicht zuschauen können. Durch das bewußte Probieren lernen sie die Gemüse intensiver kennen, auch die Namen.
Sich mit geschlossenen Augen füttern zu lassen verlangt Vertrauen zwischen den Spielpartnern, die sich auf diese Weise sehr nahe kommen.

SCHMECKSTÄBCHEN

Kontaktspiel
Ort: Klassenzimmer, Gruppenraum
Dauer: nach der Vorbereitung ca. 10 Minuten
Eignung: Kinder ab 5 Jahren; für kleinere oder größere Gruppen bis zu Klassenstärke

Beschreibung des Spiels
Für diese Schmeck-Aktion brauchen wir ein Pfund Quark, der mit Milch cremig gerührt wird. Wir verteilen ihn anschließend auf mehrere Tassen oder kleine Schüsseln und würzen ihn ganz verschieden: mit Honig, mit Zwiebelpulver, mit Salz, mit ein wenig geriebenem Knoblauch, mit Zitronensaft, mit etwas weißem Pfeffer, mit Sardellenpaste... Die Gewürze sollten den Quark möglichst nicht verfärben, weil sonst das Auge „mitschmeckt". An dieser Vorbereitung kann man die Kinder beteiligen.
Jetzt setzen sich alle in den Kreis um den Angebotstisch mit den verschiedenen Quarkgefäßen und zwei oder drei Kästchen mit Streichhölzern dazu (extra lange, vorher abgebrannte) und ein Abfallgefäß. Die Spieler tun sich zu Paaren zusammen. Jeweils eines der Kinder geht zum Tisch, nimmt ein Hölzchen, taucht es mit der sauberen Seite in eine der Quarkmassen und läßt den Partner oder die Partnerin daran lecken. Der Koster kann sagen, was für eine Sorte das ist, oder auch nur den Geschmack genießen. Das gebrauchte Hölzchen kommt in den Abfall, und die Partner tauschen die Rollen.

Es wird so lange geschmeckt, bis jeder einmal jede Sorte probiert hat.

Variation

Bei älteren Kindern kann man die Quarkgefäße beschriften und zunächst alle Spieler einmal offen jede Sorte kosten lassen. Dann werden einem Koster die Augen verbunden, und er soll die verschiedenen Geschmacksrichtungen erraten. Hierbei könnte man auch mit farbigen Gewürzen arbeiten: Curry und Tomatenmark, Paprikapulver und Kakao und Erdbeermarmelade. Jedes richtig geschmeckte Gewürz ergibt dann einen Pluspunkt für den Spieler. Will man das Raten noch schwerer machen, fällt die Vorkoste-Runde weg.

Hilfsmittel und Hilfen für die Durchführung

Ein Pfund Quark, mit Milch cremig gerührt, verschiedene Gewürze, extralange oder auch normale abgebrannte Streichhölzer, Abfallgefäß. Für die Variante ein Tuch zum Augenverbinden.

Pädagogische Hinweise

Unterschiedliche Geschmacksrichtungen nur mit der Zunge festzustellen, fällt kleineren Kindern gar nicht so leicht. Deshalb genügt es, nur zu schmecken, ohne einen Ratewettbewerb daraus zu machen. Ältere Spieler mögen dagegen das Raten und Gewinnen.
Dadurch, daß man vom Partner „gefüttert" wird, kommt man zu diesem Mitspieler in engen Kontakt. Außerdem erleichtert es die Konzentration auf das Schmecken, wenn man sonst keinerlei Aktivitäten nebenher zu erledigen hat.

ZEITUNGSBLUMEN

Kontaktspiel, Suchspiel
Ort: Klassenzimmer, Gruppenraum
Dauer: mit Vorbereitung ca. 10 Minuten
Eignung: Kinder ab 7 Jahren. Für größere Gruppen von Klassenstärke und mehr

Beschreibung des Spiels
Jeder Mitspieler bekommt ein Zeitungsblatt, das er einmal zusammenlegen, bis zur Mitte streifig einschneiden und dann von der Seite her aufrollen soll. Zupft man die Streifen etwas auseinander, erhält man eine Zeitungsblume.
Die Spielleiterin steht mit drei weiteren Helfern bereit, um ein wenig Aroma oder Parfüm in die Blumen zu tropfen. Jeder hat eine andere Duftnote. Die Spieler suchen sich einen von ihnen aus, um ihrer Blume Duft geben zu lassen.
Nach dieser Vorbereitung fangen alle an, ihre Blumen an die Mitspieler zu verschenken – sie bekommen dafür eine andere Blume. Das Verschenken geht weiter, bis die Spielleiterin ein Zeichen gibt. Jetzt versucht jeder, die anderen Blumenträger mit dem gleichen Geruch zu finden. So entstehen zum Schluß vier Gruppen.
Das Spiel kann wiederholt werden, indem man die Blumen erneut untereinander tauscht.

Variation

Statt aus Zeitung kann man – besonders bei festlichen Anlässen – Blumen aus farbigen Krepp-Papieren oder Seidenpapier herstellen. Auch Papiertaschentücher oder Servietten sind brauchbar. Ein wenig Blumendraht zum Umwickeln macht die Blüten stabiler, und am Schluß der Spielaktion kann jeder eine Duftblume mit nach Hause nehmen!

Hilfsmittel und Hilfen für die Durchführung

Duftöle, Backaromen oder Parfüm in vier verschiedenen Noten, für jeden Spieler ein Zeitungsblatt.
Bei der Variante Krepp- oder Seidenpapiere, Servietten oder Papiertaschentücher, eventuell Stücke von Blumendraht.

Pädagogische Hinweise

Bei diesem Spiel wird der Geruchssinn stark in Anspruch genommen. Beim Suchen der eigenen Gruppe muß man immer wieder prüfen und vergleichen. Dabei nimmt man Kontakt zu anderen Gruppenmitgliedern auf und kommt sich dabei recht nahe.
Das Riechen vertieft die Atmung. Vielleicht öffnen wir die Fenster weit, damit die Kinder gleich frische Luft tanken!
Da Kinder geruchsempfindlicher sind als Erwachsene, kann es sein, daß manche den Gerüchen gegenüber Abscheu zeigen, besonders bei schweren Parfümen.

HÖREN

DIE KWA-KWA-VÖGEL

Suchspiel, Vertrauensspiel
Ort: Klassenzimmer, Gruppenraum, Gymnastikhalle
Dauer: ein Durchgang ca. 4 Minuten
Eignung: Kinder ab 5 Jahren; für Gruppen von Klassenstärke, es können auch mehr Teilnehmer sein. Ein vertrautes Verhältnis erleichtert das Spielen.

Beschreibung des Spiels
Die „Kwa-Kwas" aus „Transbilunien" sind Riesenvögel wie die Strauße. Sie können nicht fliegen, und außerdem sehen sie sehr schlecht. Dafür hören sie aber gut und halten durch ständiges Quaken miteinander Kontakt.

Alle Mitspieler stehen eng im Kreis und bilden so einen Käfig, in dem ein paar von den blinden Kwa-Kwas gefangen sind. Die „Vögel" bekommen die Augen verbunden, gehen ein wenig gebückt und halten die Hände als Stummelflügel auf dem Rücken ausgestreckt. Sie quaken ständig ganz leise und jämmerlich, weil sie gefangen sind.

Sobald allen Kwa-Kwas die Augen verbunden wurden, öffnen wir heimlich an einer Stelle den Kreis. Diese Lücke sollen die Vögel finden. Zuerst werden sie immer mit dem Kopf an die Mitspieler stoßen. Sobald aber ein Kwa-Kwa den Ausgang gefunden hat, quakt er ganz laut und fröhlich und verrät den übrigen damit die Richtung.

Variation

Bei großen Gruppen kann man viele Kwa-Kwas in den Kreis schicken und zwei Lücken machen. Es wird die blinden Vögel verwirren, wenn sie von zwei verschiedenen Seiten Signale bekommen. Bei jüngeren Kindern könnte ein einzelner Vogel draußen stehen und durch sein Gequake die Gefangenen zum Ausgang locken.

Hilfsmittel und Hilfen für die Durchführung

Mehrere Tücher zum Augenverbinden.

Pädagogische Hinweise

Hier geht es vor allem um die akustische Wahrnehmung. Für die Kinder, die den Kreis bilden, sind die Bemühungen der Riesenvögel spannend und lustig anzusehen. Die Spieler in der Mitte müssen es aushalten, daß man über sie lacht. Da sie aber nicht alleine sind und einander helfen, fällt das nicht schwer. Unerläßlich ist, daß sie schließlich Erfolg haben und die Freiheit gewinnen. Die Gruppe darf die Aktion also nicht in ein Scherzspiel verwandeln, indem sie die Lücke schließt. Allgemein ist wichtig, daß Kinder, denen man die Augen verbindet, genau erfahren, was auf sie zukommt, und daß sie dabei nicht belogen werden, sonst verlieren sie den Spaß an geselligen Spielen auf alle Zeit.
Das Gequake der Vögel und ihre Gangweise muß man den Kindern einmal vormachen. Das Spiel kommt gut an, wenn es in eine entsprechende Geschichte gekleidet wird: „Neulich habe ich im Fernsehen eine Sendung über Vögel gesehen. Also, da gibt es ein Land, das heißtTransbilunien, und da leben Riesenvögel, die sind etwa so groß wie ihr…“

GERÄUSCHE-KIM

Kooperationsspiel
Ort: kleinere und größere Räume mit anregender Umgebung
Dauer: 30 Minuten und mehr
Eignung: Kinder ab 8 Jahren. Fördert die Zusammenarbeit und die Fähigkeit, seine Hörumgebung differenzierter wahrzunehmen. Für Gruppen ab 10 Teilnehmern.

Beschreibung des Spiels

Je nach Anzahl der Spieler werden unterschiedlich viele Gruppen gebildet (Gruppengröße: etwa 5 Teilnehmer). Jede Gruppe erhält ein Tonbandgerät und ein Mikrofon. Aufgabe der Gruppen ist es, etwa 10 „seltsam anmutende" Geräusche in der näheren Umgebung ausfindig zu machen und auf Tonband aufzuzeichnen. Nach der verabredeten Zeit (etwa 20 Minuten und mehr) kommen alle Gruppen wieder zusammen, spielen ihre Aufzeichnungen ab und versuchen herauszubekommen, welche Geräuschquellen die einzelnen Gruppen gewählt haben.

Variationen

Etwas ältere Spieler können gebeten werden, zu den „eingefangenen" Geräuschen eine Geschichte zu erzählen. In den Geschichten sollten die Geräusche etwas anderes darstellen als in der Realität.

Hilfsmittel und Hilfen für die Durchführung

Vorhanden sein müßten Tonbandgeräte und Mikrofone (am besten tragbare Cassettenrecorder mit eingebautem Mikrofon) sowie Tonbänder (bzw. Cassetten). Zuvor sollten die Gruppen im Gebrauch dieser Geräte unterwiesen worden sein. Aus diesem Grunde ist einfach zu handhabenden Geräten der Vorzug zu geben.

Pädagogische Hinweise

Das Spiel fördert sowohl die genaue Wahrnehmung als auch die Zusammenarbeit in Gruppen. Die Spieler müssen lernen, die Einfälle ihrer Gruppenmitglieder ernst zu nehmen und ihnen nachzugehen. Auch die Fähigkeit zu angemessenen Entscheidungsprozessen ist gefordert. Die Gruppe muß auch Verfahren entwickeln, Geräusche aus der Umgebung zu finden, die die Ratenden nicht zu schnell identifizieren können. Es kann sinnvoll sein, wenn die Spielleiterin in einer der Teilgruppen mitmacht. Sie sollte sich dabei aber nicht in den Vordergrund stellen und den Gruppenprozeß dominieren.

INDIANER IN DER NACHT

Konzentrationsspiel, Geschicklichkeitsspiel
Ort: in größeren Räumen; auch im Freien möglich
Dauer: 10 Minuten und länger
Eignung: Kinder ab 6 Jahren. Fördert Wahrnehmungsfähigkeit, Konzentration und grobmotorisches Geschick. Eher für kleinere Gruppen zwischen 10 und 15 Spielern empfehlenswert.

Beschreibung des Spiels
Ein Trupp von Bleichgesichtern sitzt in einem Blockhaus und hält Wache. Es ist Nacht; und nun schleichen aus allen 4 Richtungen Indianer heran, um die Bleichgesichter zu überraschen und zu erschrecken. Können die Bleichgesichter die heranschleichenden Indianer hören, oder waren die Indianer dafür zu geschickt?
Zunächst wird die Gruppe der Indianer gebildet: mindestens 4 Indianer und ein Häuptling. Jeder Indianer geht in eine Ecke des Raumes. In der Mitte des Raumes steht das Blockhaus. Mit verbundenen Augen sitzen die Bleichgesichter um einen Tisch herum. Es sollten doppelt soviel Bleichgesichter wie Indianer sein. Die Indianer schleichen sich heran, der Häuptling bleibt an einer Wand des Raumes stehen. Jeweils ein Indianer stellt sich hinter ein Bleichgesicht. Hat jeder Indianer seinen Platz gefunden, ruft der Häuptling: „Hough! Ich habe gesprochen." Nun müssen alle Bleichgesichter die Hand heben, die glauben, hinter ihnen stünde einer.
1) Haben sie recht, tauschen sie ihre Rolle mit dem Indianer;

2) irren sie sich, steht hinter ihnen kein Indianer, verlassen sie für eine Runde den „Wilden Westen", um Mut zu schöpfen;
3) das Bleichgesicht hat den Indianer hinter sich nicht bemerkt. Es muß für eine Runde seinen Schrecken kurieren. Der erfolgreiche Indianer wird mit einer Feder belohnt, die er sich ansteckt; bei drei Federn wird er zum Häuptling. Dieser wird wieder zum einfachen Krieger;
4) das Bleichgesicht hat recht: Hinter ihm steht tatsächlich kein Indianer. Weiter Wache halten!

Variationen

Der Phantasie für ähnliche Spielgeschichten sind keine Grenzen gesetzt. Wie wäre es, wenn Indianer versuchen sollten, in der Nacht ihre gefangenen Brüder und Schwestern zu befreien? Ob die „blinden" Bleichgesichter es wohl merken, welcher der Indianer da befreit wird?

Hilfsmittel und Hilfen für die Durchführung

Die Spielleiterin sollte darauf achten, daß Spielmaterial und Requisiten bereitliegen: Tücher zum Verbinden der Augen, Stirnbänder und Federn für die Indianer – vielleicht auch ein Federschmuck für Häuptling und Hüte für die Bleichgesichter.

Pädagogische Hinweise

Das sehr spannende Spiel fördert Konzentration, motorische Geschicklichkeit und Wahrnehmungsfähigkeit. Die Spielleiterin sollte das Spiel in der Rolle als Häuptling beginnen. Die Spielgeschichte ist insbesondere bei Jüngeren sehr wichtig. Durch Verkleidungen und Requisiten kann man den Inhalt des Spiels betonen und den Spaß am Spiel erhöhen. Wichtig ist, daß während des Spiels absolutes Schweigen herrscht. Den Bleichgesichtern sollten die Augen verbunden werden. Vielleicht kann eine etwas kürzere Geschichte als Einstimmung in das Spiel recht günstig sein.

INSTRUMENTENJAGD

Konzentrationsspiel, Musikspiel
Ort: in kleineren und größeren Räumen
Dauer: ca. 10–15 Minuten
Eignung: Kinder ab 8 Jahren. Fördert konzentriertes und differenziertes Zuhören. Hilft, den Klang verschiedener Instrumente zu unterscheiden. Für Gruppen zwischen 8 und 20 Teilnehmern.

Beschreibung des Spiels
Ein Fotograf hat den Auftrag, verschiedene Musikinstrumente zu fotografieren. Nur kann er leider nicht mehr sehen. Dafür ist sein Gehör um so besser. Sobald er das gewünschte Instrument hört, richtet er seine Kamera genau in diese Richtung und macht eine Aufnahme.
Jeder Spieler erhält ein Instrument (Metallophon, Xylophon, Schellentrommel, Handtrommel, Bongos, Blockflöte usw.). Die Spieler bilden einen größeren Sitzkreis, mit genügend Abstand von Instrument zu Instrument. Ein Spieler stellt sich mit einer großen „Papp-Kamera" in die Mitte des Kreises. Ihm werden die Augen verbunden. Er spielt den Fotografen. Nun wird ihm Instrument für Instrument vorgespielt. Danach gibt die Spielleiterin dem Fotografen den Auftrag, ein bestimmtes Instrument zu fotografieren, z.B. eine Konga. Die Spielleiterin zeigt nun auf verschiedene Instrumente, die zugleich anfangen zu spielen. Der Fotograf muß aus dem „Klangteppich" das richtige Instrument heraushören und es räumlich „orten". Dann macht er mit seiner

„Kamera" eine „Aufnahme". Hat er die Aufgabe richtig erfüllt, hört das Instrument auf zu spielen, und ein anderer Spieler kann die Rolle des Fotografen übernehmen.

Variationen

Im Spiel „Ausklang" spielen alle ihr Instrument. Der Fotograf zeigt „blind" auf eines, das sofort aufhören muß zu spielen. Glaubt der Fotograf dieses Instrument erkannt zu haben, hebt er beide Arme, alle Instrumente hören auf zu spielen, und er äußert seine Vermutung.

Hilfsmittel und Hilfen für die Durchführung

Zum Basteln der Kamera sollte Pappe bereitliegen. Bei Jüngeren sollte die Spielleiterin diese bereits vorher hergestellt haben. Falls Musikinstrumente nicht zur Verfügung stehen, können auch andere „Klangerzeuger" verwendet werden (Gläser, Töpfe, Tische, Stühle). Steht eine Auto-Focus-Polaroid-Kamera zur Verfügung, könnte diese anstelle einer Pappkamera verwendet werden (Kosten: 2 Mark pro Aufnahme!). Auch menschliche Stimmen können anstelle von Klängen identifiziert werden. Der Fotograf befindet sich dann auf einer „Fotosafari" und muß aus dem Stimmengewirr von „Papageien", „Affen" und „Elefanten" einen bestimmten Spieler herausfinden (vorher üben).

Pädagogische Hinweise

Das Spiel fördert die Fähigkeit, genau und konzentriert zuzuhören und Instrumente von ihrem Klang her zu differenzieren. Stimuliert wird auch das Zusammenspiel in der Gruppe. Nebenher können die Spieler Unterschiede und Eigenart verschiedener Instrumente kennenlernen. Notwendig ist eine ruhige und aufnahmebereite Stimmung in der Gruppe. Bei starken motorischen Bedürfnissen ist das Spiel kaum geeignet, da die Spieler über nahezu 15 Minuten konzentriert und aufmerksam sein müssen. Die Spielleiterin kann in der Rolle als Animateurin die jeweiligen Fotografen groß herausstellen und die Schwierigkeit der Aufgabe durch die Zusammenstellung der verschiedenen Instrumente auf den Spieler in der Mitte abstimmen.

KLING-KLANG

Suchspiel
Ort: in größeren Räumen (möglichst zum Abdunkeln geeignet)
Dauer: ca. 5–10 Minuten
Eignung: Kinder ab 8 Jahren. Geeignet, um Differenzierungsvermögen für Klänge und Geräusche auszubilden. Für Gruppen zwischen 10 und 30 Spielern.

Beschreibung des Spiels
Die Gruppe bildet Paare. Jedes Paar vereinbart für sich einen „Lockruf": bestimmte Geräusche, ein Wort, einen Pfiff oder etwas anderes Hörbares. Die Paare müssen bei der Festlegung des „Lockrufes" berücksichtigen, daß es recht laut ist und daß ihr „Lockruf" sich von anderen unterscheiden muß. Nun wird der Raum verdunkelt (bei Älteren kann man darauf vertrauen, daß sie die Augen geschlossen halten). Man kann auch jedem Spieler die Augen verbinden. „Blind" tasten sich alle durch den Raum. Auf ein Zeichen des Spielleiters lassen alle ihren „Lockruf" erschallen und versuchen, ihren Partner zu finden. Haben sich zwei gefunden, gehen sie in eine der Ecken des Raumes und genießen still ihr Glück, sich wiedergefunden zu haben.

Variationen
Anstelle der Stimme kann man auch in bestimmter Weise mit den Händen klatschen. Möglich ist es auch,

Musikinstrumente zu verwenden. Geeignet sind Flöten, kleine Handtrommeln, Klangstäbe.

Hilfsmittel und Hilfen für die Durchführung

Bei Jüngeren könnte man das Spiel in eine Geschichte einkleiden: Zwei Geschwister gehen durch den dunklen Wald und haben sich verlaufen. Gemeinsam werden sie den Weg nach Hause finden. Nur haben sie sich verloren. Sie haben ein Geräusch vereinbart, um sich finden zu können. Dieses Geräusch müssen sie aus den „Stimmen des Waldes" heraushören, um sich wiederzufinden.

Pädagogische Hinweise

Das Spiel fördert Zusammenarbeit, Einfallsreichtum, differenzierte Hörwahrnehmung und räumliche Orientierung nach dem Gehör. Das Spiel eignet sich besonders gut für Anfangssituationen. Es gibt den Spielern das Gefühl, selbst bei „Dunkelheit" nicht alleine zu sein. Die Spielleiterin sollte sich in vollem Umfang in das Spiel einbeziehen.

MAINSTREET

Austobspiel
Ort: in größeren Räumen; auch im Freien (z.B. auf einer Rasenfläche) möglich
Dauer: 5–10 Minuten
Eignung: Kinder ab 8 Jahren. Einfaches Spiel, um sich sprachlich „auszuleben" und genauer zuzuhören. Für Gruppen zwischen 10 und 30 Mitgliedern.

Beschreibung des Spiels
Wir befinden uns auf der Hauptstraße einer größeren Stadt zur Hauptverkehrszeit. Es herrscht ein unbeschreiblicher Lärm: Autos rasen vorbei; man hört das Hupen ungeduldiger Autofahrer; die Dieselmotoren großer LKWs sind so laut, daß man kaum sein eigenes Wort verstehen kann; Motorradfahrer lassen ihre schweren Maschinen aufheulen. Durch das Verkehrsgewühl hindurch versucht ein Krankenwagen mit eingeschaltetem Martinshorn sein Ziel zu erreichen. Balduin soll schnell noch etwas für seine Eltern im Supermarkt einkaufen. Bald schließt das Geschäft. In der Eile hat Balduin den Einkaufszettel vergessen. Seine Eltern stehen auf der anderen Straßenseite und rufen ihm zu, was er einkaufen soll. Balduin schreibt das Gehörte auf. Ob er alles richtig mitbekommen hat?
Jeder Spieler übernimmt eine bestimmte Rolle. Zunächst benötigen wir den Balduin und seine Eltern. Dann gibt es viele Verkehrsmittel, die ohrenbetäubend die Hauptstraße entlang fahren und die Verständigung zwischen Balduin und seinen Eltern stören.

Variationen

Das Muster des Spiels (etwas verstehen können bei Beeinträchtigung durch Störgeräusche) kann man in beliebig andere Inhalte „verpacken". Beispiele: 1) Verständigung trotz donnernden Wasserfalls (die Darsteller des Wasserfalls sind mit Musikinstrumenten ausgerüstet), 2) Informationsübermittlung auf einer lauten Baustelle.

Hilfsmittel und Hilfen für die Durchführung

Bei jüngeren Kindern sollte die Spielleiterin die Einkaufsliste selbst zusammenstellen. Bleistifte und Karteikarten sollten bereitliegen. Bei etwas ängstlicheren Kindern könnte man ein Geschwisterpaar zum Einkaufen schicken.

Pädagogische Hinweise

Das sehr lebhafte und laute Spiel eignet sich insbesondere nach ruhigeren Spielphasen und bietet den Kindern die Möglichkeit, sich verbal „auszuleben". Das Spiel fördert zudem die Fähigkeit, laut und gut artikuliert zu sprechen und sehr konzentriert (und richtungsorientiert) zuzuhören. Die Spielleiterin sollte nach einer Aufteilung der Rollen selbst am Verkehr teilnehmen oder – bei jüngeren Kindern – eine Schiedsrichterrolle übernehmen (z.B. als Verkehrspolizist, der den Verkehrsstrom beginnen und enden läßt). Bringt das Spiel den Kindern Spaß, können die Rollen wechseln.

DENKEN UND RATEN

DOPPELMOPPEL

Darstellungsspiel, Ratespiel
Ort: in größeren Räumen; auch im Freien möglich
Dauer: ca. 15 Minuten
Eignung: Kinder ab 8 Jahren. Geeignet, Einfallsreichtum, Darstellungsfähigkeit und Sprachvermögen zu fördern. Für Gruppen zwischen 10 und 30 Spielern.

Beschreibung des Spiels
Die Grundfassung des Spiels und alle Varianten fordern von den Zuschauern, aufgrund einer szenisch-pantomimischen Darstellung einen Begriff zu raten. Beliebt insbesondere bei jüngeren Spielern sind „Doppelwörter", das sind Hauptwörter, die aus zwei zusammengesetzten Begriffen bestehen, z.B. Brillen-Schlange, Haus-Meister, Teppich-Klopfer. Die Gruppe bildet zwei Teams. Jedes schreibt auf Karteikarten solche „Doppelwörter" auf. Die Gruppen setzen sich im Raum gegenüber. Abwechselnd ziehen jeweils zwei Spieler aus einer Gruppe eine Karteikarte der anderen Gruppe und stellen den Begriff szenisch/pantomimisch dar. Die eigene Gruppe muß raten, um welchen Begriff es sich handelt.

Variationen
Anstelle der „Doppelwörter" könnte man auch Sprichwörter und Filmtitel darstellen und raten. Interessant können auch Wörter mit doppelter Bedeutung sein.

Unter „Bank“ kann man eine Bank zum Draufsitzen verstehen oder auch ein Geldinstitut.

Hilfsmittel und Hilfen für die Durchführung

Bei jüngeren Spielern kann die Spielleiterin die „Doppelwörter“ bereits vorher festlegen und darauf achten, daß mit ihnen die Darstellungsmöglichkeiten der Spieler nicht überfordert werden. Zu Beginn des Spiels sollte die Spielleiterin einige Beispiele geben und die darstellerischen Umsetzmöglichkeiten erörtern.

Pädagogische Hinweise

Verschiedene sprachliche, kombinatorische und gestalterische Fähigkeiten werden in diesem Spiel gefördert: aktiver und passiver Wortschatz, pantomimische Darstellung aufgrund vorgegebener Wörter, Absprache unter den Spielern, Fähigkeit, aufgrund der Darstellungen auf den Ursprungsbegriff schließen zu können. Die Vielseitigkeit der Spielaufforderungen macht die Attraktivität des Spiels aus. Das Spiel erfordert ein ruhiges, konzentriertes und aufnahmebereites Klima. Die Spielleiterin sollte sich in vollem Umfang einbeziehen, also sowohl mitspielen als auch raten.

GEOMETRIX

Ratespiel, Vertrauensspiel, Partnerspiel
Ort: in größeren Räumen oder im Freien
Dauer: ca. 10 Minuten
Eignung: Kinder ab 8 Jahren. Geeignet, um die Vorstellungskraft anzuregen. Für Gruppen ab 10 Spielern bis Klassenstärke.

Beschreibung des Spiels

Einfache geometrische Figuren wie Dreieck, Quadrat, Kreis können zweifellos rasch erkannt werden. Wie ist es aber, wenn man mit verbundenen Augen eine solche Figur abwandert? Bei diesem Spiel bilden sich Paare. Einem von beiden werden die Augen verbunden. Der sehende Spieler führt seinen „blinden" Partner behutsam an den Linien einer geometrischen Figur entlang. Dazu können diese Figuren vorher im Sand (oder mit Kreide auf dem Boden) markiert werden. Der „Blinde" muß raten, um welche Figur es sich gehandelt hat. Dann werden die Rollen getauscht.

Variationen

Anstelle von geometrischen Figuren können auch Zahlen, Buchstaben oder ganze Wörter blind „erwandert" werden.

Hilfsmittel und Hilfen für die Durchführung

Günstig ist es, mit einfachen Figuren zu beginnen und sich nach und nach zu steigern. Der Leistungsaspekt sollte nicht im Vordergrund stehen (also nicht um Punkte spielen). Wichtig ist es vielmehr, sich möglichst angstfrei auf ne ue sinnliche Erfahrungen einzulassen. Gibt es Schwierigkeiten, kann auch ein dickeres Seil zu einer Figur geformt werden. Der „Blinde" ertastet, welche Figur gelegt wurde.

Pädagogische Hinweise

Das Spiel regt an, mit seinen körperlichen Bewegungen zu „sehen", und mag insbesondere für Ältere recht ungewohnt sein. Das Spiel schafft durch das Führen des „Blinden" ein Vertrauensverhältnis zwischen den Spielern und relativiert damit den Leistungsaspekt des Spiels. Die Spielleiterin sollte sich in vollem Umfang in das Spiel einbeziehen.

KLEIDUNGS-KIM

Gedächtnisspiel, Beobachtungsspiel
Ort: in größeren Räumen; auch im Freien möglich
Dauer: ca. 10 Minuten
Eignung: Kinder ab 8 Jahren. Geeignet, um die Aufmerksamkeit aufeinander zu richten und Wahrnehmungseindrücke zu behalten. Für kleinere Gruppen um 10 Spieler.

Beschreibung des Spiels

Die Spieler müssen sich genau ansehen und sich merken, was sie an Kleidungsstücken, Schmuck usw. anhaben. Dazu bilden sich zwei gleichgroße Teilgruppen. Nach einer kurzen Beratung in den beiden Gruppen stellen sich die Spieler gegenüber auf und betrachten sich eine Weile. Dann ziehen sich die Teilgruppen wieder zurück. In jeder Teilgruppe werden bis zu 10 Veränderungen an der Kleidung vorgenommen. So können Kleidungsstücke und Schmuck getauscht oder weggelassen werden. Man kann auch das Haar etwas anders kämmen oder ein Kleidungsstück etwas anders anziehen. Ob die anderen die Veränderungen mitbekommen?

Variationen

Als Vorbereitung könnten zunächst zwei Spieler etwas an ihrer Kleidung verändern und wechselseitig raten, was verändert wurde. Zunächst stehen sich beide gegenüber; beim Verändern drehen sie sich einfach um.

Hilfsmittel und Hilfen für die Durchführung

Bei Jüngeren könnte die Spielleiterin Hinweise geben, was man alles verändern kann. Für die Beratungen in den Gruppen sollte genügend Zeit zur Verfügung stehen.

Pädagogische Hinweise

Das Spiel ist eine einfache und gute Möglichkeit, das Interesse aufeinander zu richten und die Besonderheiten der einzelnen Spieler wahrzunehmen. Im Spiel wird Merkfähigkeit gefordert. Die Spielforderung wird etwas gemildert, weil die Gruppen insgesamt die Merkaufgabe lösen müssen und die Spieler sich gegenseitig unterstützen können. Möglicherweise schließt sich auch ein Gespräch an, wer was besonders gut tragen kann. Die Spielleiterin sollte in einer Teilgruppe mitspielen.

KOOPERATIV-KIM

Gedächtnisspiel, Konzentrationsspiel
Ort: in größeren Räumen und im Freien
Dauer: ca. 15 Minuten
Eignung: Kinder ab 8 Jahren. Ist geeignet, die Merkfähigkeit für visuelle Eindrücke auszubilden. Setzt kooperative Fähigkeiten frei. Erfordert ruhige und konzentrierte Atmosphäre. Für Gruppengrößen zwischen 10 und 30 Spielern.

Beschreibung des Spiels
Es geht darum, gezeigte Gegenstände zu behalten. Es werden mehrere Teilgruppen aus etwa 3 bis 5 Spielern gebildet. Die Spielleiterin hat 30 bis 50 verschiedene Gegenstände ausgesucht und auf eine Liste geschrieben. Diese Gegenstände werden jetzt allen Spielern für etwa 3 bis 4 Minuten gezeigt. Die Teilgruppen ziehen sich danach für etwa 5 Minuten zurück und tauschen aus, was sie von den Gegenständen behalten haben. Schriftliche Aufzeichnungen dürfen sie sich nicht machen. Nun beginnt das Spiel. Reihum sagt jede Teilgruppe den Namen eines der Gegenstände. Fällt einer Teilgruppe nichts mehr ein oder wiederholt sie etwas, scheidet sie aus. Die Gruppe, die zuletzt übrigbleibt, kann, wenn Lust dazu besteht, das Spiel mit anderen Gegenständen neu starten.

Variationen

Von bestimmten Gegenständen sind unterschiedliche Mengen vorhanden, an die sich die Spieler erinnern müssen. Die Spielleiterin sagt eine Zahl, und die Teilgruppen müssen sich erinnern, von welchem Gegenstand diese Menge vorhanden ist. Man kann sich auch Farbzuordnungen merken: ein blaues Buch, ein roter Kasten, ein silberfarbener Stift.

Hilfsmittel und Hilfen für die Durchführung

Wichtig ist eine größere Sammlung verschiedener Gegenstände. Die kooperative Fassung des Spiels schützt ein wenig vor Mißerfolgserlebnissen und ermöglicht positive Gefühle untereinander.

Pädagogische Hinweise

Das Spiel schult die Merkfähigkeit: Die Spieler müssen sich erinnern, was sie für kurze Zeit gesehen haben. Die Gruppe lernt, Techniken zu entwickeln, ein „Gruppengedächtnis" aufzubauen (z.B. durch Absprachen, wer was behalten soll). Für das Spiel sollte Ruhe und Konzentration herrschen. Die Spielleiterin hat die Aufgabe, möglichst unterschiedliche Gegenstände zu sammeln und diese in eine Liste einzutragen. Im Laufe des Spiels hakt sie dann ab, wenn der Name eines Gegenstandes gesagt wurde.

MÜNZE UNTER DER HAND

Ratespiel, Geschicklichkeitsspiel
Ort: in Räumen mit Tischen und Stühlen
Dauer: ca. 15 Minuten
Eignung: Kinder ab 8 Jahren. Geeignet, um Wahrnehmungsfähigkeit und taktisches Kalkül zu fördern. Geselliges Spiel für Gruppen um 10 Spieler.

Beschreibung des Spiels
Die Spieler müssen abwechselnd raten, unter welcher Hand sich eine Münze befindet bzw. *nicht* befindet. Dazu werden zwei gleich große Spielparteien gebildet, die sich gegenüber an einen langen Tisch setzen. Partei A erhält eine große Münze (z.B. ein 5-Mark-Stück). Alle Spieler dieser Partei strecken ihre Hände unter den Tisch. Die Münze wandert nun, ohne daß dies die Spieler de r Partei B sehen können, von Hand zu Hand. Nach einiger Zeit kommandiert der erste Spieler der Partei B: „Hände hoch!" Die Spieler der Partei A schließen ihre Hände zu Fäusten, heben die Hände hoch und stützen den Unterarm mit dem Ellenbogengelenk auf dem Tisch ab. Auf das Kommando: „Hände auf den Tisch!" lassen die Teilnehmer möglichst gleichzeitig ihre Fäuste mit dem Handrücken nach oben auf die Tischplatte fallen. Der Spieler der Partei B muß nun herausfinden, unter welcher Hand sich die Münze befindet bzw. *nicht* befindet.
Für jede richtig herausgefundene Hand, unter der sich die Münze *nicht* befindet, erhält die Partei B einen Punkt. Befindet sich jedoch unter einer dieser Hände

die Münze, erhält die Partei B keinen Punkt, und der Spielsatz endet. Findet der Spieler die Hand, unter der sich die Münze befindet, heraus, erhält seine Partei 20 Punkte. Die Spieler können jederzeit Schluß machen und nicht weiter raten. Dann bleiben alle, Punkte erhalten, und die andere Partei ist an der Reihe zu raten. Das Spiel ist beendet, wenn eine Partei eine vorher bestimmte Punktzahl erreicht hat. Die Rater in den Parteien wechseln jeweils.

Variationen

Bei kleineren Gruppen könnte man anstelle von Punkten die Regel vereinbaren, daß Spieler, die falsch raten, die Gruppe wechseln und mindestens eine bestimmte Punktzahl raten müssen. Wird richtig geraten, muß der geratene Spieler die Gruppe wechseln.

Hilfsmittel und Hilfen für die Durchführung

Zu Beginn des Spiels sollten die Spieler üben, mit der Münze geschickt umzugehen. Auch die Kommandos und die Reaktionen sollte man vorher erproben. Jüngeren kann es helfen, wenn sich die Spieler einer Partei vor den Entscheidungen beraten dürfen.

Pädagogische Hinweise

Neben dem geschickten Umgehen mit der Münze kommt es darauf an, Gefühle zu verbergen oder auch vorzutäuschen (z.B. aufgeregt tun, auch wenn man die Münze nicht hat). Gefordert ist geschärfte Wahrnehmung (vor allem sehen, hören, wahrnehmen von Gefühlen). Die Spielleiterin sollte sich in vollem Umfang in das Spiel einbeziehen.

MURMELN IM SCHUH

Suchspiel, Ratespiel
Ort: Klassenzimmer, Gruppenraum
Dauer: ein Durchgang ca. 3 Minuten
Eignung: Kinder ab 6 Jahren; größere Gruppen, ab 10 Teilnehmern

Beschreibung des Spiels

Zwei Spieler gehen zum Raten vor die Tür. Der Spielleiter verteilt ca. 10 Murmeln an die Gruppenmitglieder, die sie in ihren Schuhen zu verstecken haben. Die Kugeln passen vielleicht unter die Fußhöhlung, oder man macht die Zehen krumm! Wenn die Rater hereinkommen, fordern sie einzelne Leute auf, sich zu erheben und durch den Kreis zu gehen. Am Gang erkennen sie wahrscheinlich, ob eine Murmel im Schuh steckt. Haben sie richtig geraten, bekommen sie einen Punkt. Zehnmal dürfen sie raten. Dann geht ein anderes Paar vor die Tür. Mancher Spieler hat vielleicht zwei Murmeln in seinem Schuh oder in jedem Schuh eine. Das erschwert das Raten.

Variation

Alle ziehen die Schuhe aus und stellen sie vor sich. Ein Rater darf durch Schütteln der Schuhe herausfinden, ob Murmeln drin sind. Nach zehn Versuchen kommt der nächste an die Reihe.

Hilfsmittel und Hilfen für die Durchführung
10 kleine Glasmurmeln.

Pädagogische Hinweise
Das Spiel verlangt vom einzelnen Spieler Selbstbeherrschung, damit er sich nicht verrät. Die Sucher dagegen müssen die Mitspieler gut beobachten, sowohl den Gang als auch das Gesicht, um zu erkennen, wer eine Murmel versteckt hält.

ORDNUNG MUSS SEIN

Denkspiel, Beobachtungsspiel
Ort: Gruppenraum, Klassenzimmer
Dauer: ein Durchgang ca. 1 Minute
Eignung: Kinder von 6–10 Jahren; für kleinere Gruppen, aber auch ganze Klassen

Beschreibung des Spiels
Wir sitzen im Stuhlkreis. In der Mitte liegen auf dem Boden verschiedene kleine Dinge, wie wir sie gerade zur Hand haben: Radiergummi und Bleistift, Anspitzer, Müsliriegel, Schal, Handschuh, Kreide und Schwamm usw. Die Spielleiterin kann auch selbst entsprechende Dinge mitbringen. Es müßten etwa 20 Teile sein (jeder legt eins hin!).
Nun soll ein Kind in diesem Durcheinander Ordnung machen. Es wird vielleicht nach Farben ordnen. Die Zuschauer sollen erraten, nach welcher Weise hier geordnet wurde. Sie sollen es aber erst sagen, wenn der Ordner in der Mitte fertig ist.
Ein zweites Kind soll erneut ordnen, in ganz anderer Weise. Es legt die Sachen vielleicht nach Größen in eine Reihe. Wieder wird geraten. Und wer kann noch eine ganz andere Ordnung erfinden?

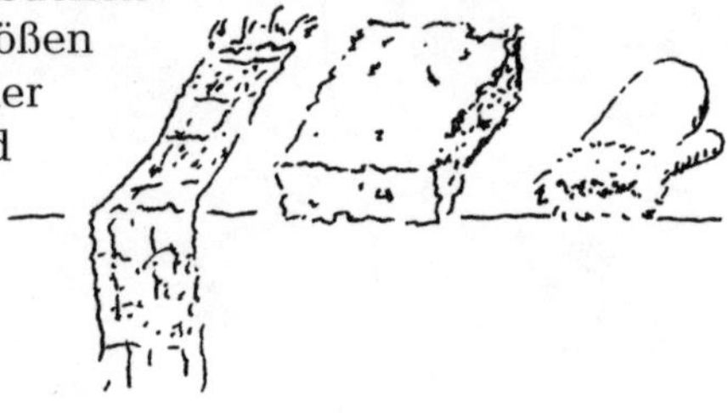

Variation

Für den Anfang nennt die Spielleiterin das Ordnungsprinzip, und zwei oder drei Spieler stellen diese Ordnung ganz schnell her.
Ältere Kinder bekommen eine Liste von Dingen in die Hand und sollen sie unter verschiedenen Gesichtspunkten ordnen, die sie sich selber suchen. Es geht dann um Oberbegriffe.

Hilfsmittel und Hilfen für die Durchführung

Pro Mitspieler mindestens ein kleiner Gegenstand. Kein Gegenstand soll dem anderen völlig gleichen.

Pädagogische Hinweise

Die Kinder werden zuerst sehr einfache Ordnungen finden. Es geht darum, schnell umzudenken: Die Ordnung kann auch völlig anders aussehen und ist trotzdem richtig! Für kompliziertere Ordnungsprinzipien brauchen die Kinder Anregungen.
Während die Spieler in der Mitte ihre Ordnung aktiv darstellen, müssen die Zuschauer mitdenken. Es fordert Geduld und Selbstbeherrschung, nicht sofort die erkannte Ordnung zu benennen. Ordnungen zu entdecken, hilft den Kindern, sich in der Welt zurechtzufinden und nach den realen Dingen eines Tages auch ihre Gedanken zu ordnen.

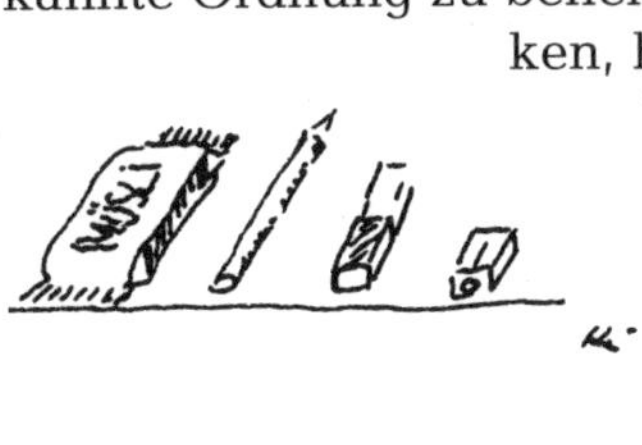

REIMWORTPANTOMIME

Darstellungsspiel, Ratespiel
Ort: in größeren Räumen
Dauer: ca. 15 Minuten
Eignung: Vielfältige Spielanforderungen verbinden sich zu einem reizvollen Darstellungs- und Ratespiel, das insbesondere für etwas ältere Kinder in kleineren bis mittleren Gruppen geeignet sein könnte.

Beschreibung des Spiels
Es gibt zwei Teilgruppen. Die Spielleiterin sagt ein Reimwort (z.B. „dort", „Reh" „Plan", „Zelt", „leben"). Es gibt viele Wörter, die sich auf ein solches Reimwort reimen. Jede der beiden Teilgruppen denkt sich möglichst viele Wörter aus, die zu diesem Reimwort passen (zu „dort" z.B. „Mord", „Hort", „Wort", „Sport"). Und nun beginnt ein kleiner Wettstreit:
Abwechselnd spielt jede Gruppe der anderen eines dieser Wörter pantomimisch vor. Die andere Gruppe muß raten, was gemeint ist, und spielt dann ihrerseits eines dieser Wörter vor. Welche Gruppe hat am meisten Wörter gewußt? Welche konnte am besten raten? Welche Gruppe hatte die lustigsten Darstellungen? Welche Gruppe konnte am besten über die Darstellungen lachen? Bei einem solchen Wettstreit wird es viele Sieger geben und keinen Verlierer.

Variationen

Die „Reimwortpantomime“ läßt sich auch zu zweit darstellen. Bei sehr kleinen Gruppen kann man auf Teilgruppen verzichten. Jeder Spieler spielt reihum eine „Reimwortpantomime“, die geraten wird. Die Spielleiterin könnte sich auch ein bestimmtes Wort notieren. Der Spieler, der dieses Wort als erstes pantomimisch darstellt, wird neuer Spielleiter.

Hilfsmittel und Hilfen für die Durchführung

Die Spielleiterin sollte eine Liste von Reimwörtern schon vorher zusammengestellt haben. Eine Kiste mit alten Kleidern und Requisiten kann der Darstellung zusätzlichen Reiz geben.

Pädagogische Hinweise

Sprachvermögen, Einfallsreichtum, Kooperation in der Gruppe und Darstellungsfähigkeit werden hier in besonderer Weise angesprochen. Jede Gruppe kann der anderen Spaß und Vergnügen bereiten. Die Spielleiterin kann durch lustige Ansagen, kleine Tips und eigene kleine darstellerische Einlagen viel zum Spielspaß beitragen. Auf keinen Fall sollte der Wettbewerb in Konkurrenzorientierungen einmünden.

SACHEN WIEGEN

Ratespiel
Ort: Klassenzimmer, Gruppenraum
Dauer: etwa 15 Minuten
Eignung: Kinder ab 6 Jahren; für kleinere Klassen oder Gruppen, etwa 12 Teilnehmer

Beschreibung des Spiels

Zur Vorbereitung stellt die Spielleiterin allerhand Krimskrams von kleinen Dingen zusammen, etwa doppelt so viele, wie Kinder in der Klasse sind. Sie fertigt für sich eine Liste der Sachen an und notiert für jedes Ding das Gewicht, das man mit einer Briefwaage feststellen kann.
Die Kinder sitzen im Stuhlkreis. In der Mitte auf einem Tisch oder am Boden auf einem Tuch liegen die Sachen. Die Kinder kommen einzeln und sollen sich je zwei von den Dingen nehmen und mit den Händen feststellen, welches Ding schwerer ist. Die Spielleiterin kontrolliert, ob es richtig war. Können die Kinder schon lesen, übernehmen sie selbst die Kontrolle.
Zum Schluß versuchen einige Kinder, beraten von den anderen, eine Reihe nach Gewicht zu legen.

Variation

Die Kinder bleiben an ihren Tischen und suchen selbst nach kleinen Dingen aus ihrem Schulranzen. Sie tun sich zu Partnern zusammen. Ein Kind nimmt zwei Sachen, geht zum Wiegetisch und prüft auf der Briefwaage, welches schwerer ist. Dann soll der Spielpartner mit den Händen wiegen: Welches Teil ist schwerer? Es wird ihm dann gesagt, ob es falsch oder richtig war.

Hilfsmittel und Hilfen für die Durchführung

Pro Kind zwei kleine Dinge, mehrere Briefwaagen oder Diätwaagen auf einem Angebotstisch, der für die Kinder leicht zu erreichen ist.

Pädagogische Hinweise

Gewichte kann man sehr gut mit den Händen unterscheiden, wir haben also einen Gewichtssinn. Bei großen Dingen ist die Unterscheidung natürlich viel leichter als bei kleinen. Die Wahrnehmung des Gewichts kann durchaus geübt und verfeinert werden. Es macht den Kindern Spaß, auch bei kleinsten Dingen noch einen Unterschied festzustellen.

Ehe man den Kindern die Variante anbietet, sollten sie das Wiegen gelernt haben und die Gewichtsskala einer Waage lesen können. Besonders interessant wäre das Wiegen auf einer Balkenwaage, die man sich leicht selber herstellen könnte aus einer Leiste, zwei Bierdekkeln und dünnen Schnüren oder Kettchen (gibt es im Technischen Kaufhaus vom Meter zu kaufen). Die Waagschalen werden am Ende der Leiste an drei Punkten aufgehängt. Dann muß man noch den Mittelpunkt der Leiste finden und dort die Aufhängung anbringen.

SCHWER UND LEICHT

Suchspiel, Kontaktspiel
Ort: Klassenzimmer, Gruppenraum
Dauer: ein Durchgang ca. 4 Minuten
Eignung: Kinder ab 5 Jahren, auch Jugendliche; für Gruppen von Klassenstärke

Beschreibung des Spiels
Für dieses Spiel brauchen wir viele Filmdöschen, wie sie als Abfall in Fotogeschäften anfallen. Wenn man darum bittet, werden sie dort vielleicht für uns aufgehoben.
In diese Dosen füllen wir verschiedene Mengen von Murmeln, von einer bis zu fünf Stück, und zwar so, daß es immer Paare von gleichem Gewicht gibt. Der verbleibende Hohlraum wird mit Watte ausgefüllt, damit es nicht klappert.
Alle Dosen stehen auf einem Tisch in der Mitte des Kreises. Jeder Mitspieler nimmt sich ein Döschen und versucht nun einen Partner zu finden, dessen Dose das gleiche Gewicht hat wie seine. Wenn ein Paar sicher ist, kommt es zur Spielleiterin, und die Dosen werden auf einer Briefwaage gewogen. Man kann auch Zettel auf den Boden kleben mit verschlüsselten Nummern, die der Spielleiterin sagen, ob die Dosen gleich sind: z.B. 359 und 758: beide Dosen enthalten fünf Murmeln (mittlere Ziffer).

Variation
Zwei bis vier Spieler kommen zum Angebotstisch und sollen eine Reihe von Dosen heraussuchen, die von einer bis zu fünf Murmeln schwer sind. Wer schafft das zuerst?

Hilfsmittel und Hilfen für die Durchführung
Pro Mitspieler eine Filmdose, ein Päckchen Watte, Klebeschilder, viele gleiche Murmeln aus Glas, eventuell eine Briefwaage.

Pädagogische Hinweise
Hier spielen wir mit dem barischen Sinn, dem Sinn für Gewichte. Um ein sicheres Ergebnis zu haben, müssen die Dosen von beiden Händen geprüft werden. Die rechte Hand gibt zuweilen ganz andere Signale als die linke, je nachdem, welche Hand stärker benutzt wird. Weil die Murmeln keine großen Gewichtsunterschiede haben, müssen sich die Kinder auf das Wiegen mit der Hand stark konzentrieren.
Das Spiel ist sehr kommunikativ. Beide Partner werden die Dosen prüfen, um ganz sicher zu sein. Ist das Gewicht verschieden, muß man zu einem anderen Kind Kontakt aufnehmen.
Die Variante sollte nur mit älteren Kindern gespielt werden, die im Wiegen sicher sind und sich einem Wettbewerb stellen wollen. Für jüngere Kinder ist das eine Aufgabe ohne Wettkampf.

STEIN ERRATEN

Rätselspiel
Ort: Klassenzimmer, Wohnzimmer, Gruppenraum, Strand, Spielplatz
Dauer: für jeden Durchgang etwa 4 Minuten. Nach wievielen Durchgängen der Trick verraten wird, bleibt der Spielleiterin überlassen!
Eignung: Kinder ab 8 Jahren; Gruppen von 8–15 Teilnehmern, Familien

Beschreibung des Spiels
Ein eingeweihter Mitspieler geht aus dem Raum. Die Spielleiterin berichtet, dieser Mitspieler besitze magische Fähigkeiten und könne erraten, welchen der ausgelegten Steine er mit magischen Sprüchen magnetisiert habe.
Dazu braucht man etwa 10 walnußgroße, möglichst glatte Steine, die in beliebiger Anordnung auf dem Tisch ausgelegt werden. Ein Mitspieler darf einen Stein auswählen und soll ihn ganz fest in der Hand halten, während die Spielleiterin eine ganze Reihe von Zaubersprüchen murmelt. Unterdessen erwärmt sich der Stein, und so ist es nachher leicht, ihn aus den anderen herauszufinden. Der Eingeweihte kommt herein, nachdem der Stein unauffällig zwischen die anderen gelegt wurde, und errät mit Sicherheit den richtigen. Die Mitspieler sollen den Trick erraten. Wird das Spiel wiederholt, muß man den ersten Stein herausnehmen, da er die Wärme lange hält.

Variation
Statt der Steine kann man auch Münzen nehmen.

Hilfsmittel und Hilfen für die Durchführung
Zehn walnußgroße, glatte Steine.

Pädagogische Hinweise
Etwas ältere Kinder werden nicht mehr an Magie glauben und folglich nach einer natürlichen Ursache des Rätsels forschen. Es gilt, die Intelligenz einzusetzen, vielleicht auch selber zu experimentieren. Wer den Trick herausbekommt, gewinnt an Selbstbewußtsein: Ihm kann man kein X für ein U vormachen.

TASTDETEKTIVE

Suchspiel
Ort: in kleineren und größeren Räumen
Dauer: etwa 10–15 Minuten
Eignung: relativ ruhiges Spiel für kleinere Gruppen, das die Fähigkeit zur Tastwahrnehmung und die sprachliche Ausdrucksfähigkeit fördert; besonders für Kinder geeignet.

Beschreibung des Spiels

Etwas sehr Ungewöhnliches ist gestohlen worden. Dieser Gegenstand ist so ungewöhnlich, daß es für ihn kein Wort gibt. Ein „Tastdetektiv" (der „blind" ist) hatte Gelegenheit, diesen Gegenstand mit seinen Händen wahrzunehmen, bevor er gestohlen wurde. Nun gilt es, diesen Gegenstand wiederzufinden. Es gibt eine ganze Reihe von Verdächtigen, die ungewöhnliche Gegenstände mit sich führen. Da der Detektiv nichts sehen kann, arbeitet er zur Lösung dieses Falles mit einem Assistenten zusammen. Dies em beschreibt er den Gegenstand so, wie er ihn ertastet hat. Aufgrund dieser Beschreibung muß der Assistent nun versuchen, den Gegenstand bei einem der Verdächtigen zu finden. Dazu stellen sich alle Verdächtigen mit ihren Gegenständen in einer Reihe auf.

Variationen

Anstelle eines Gegenstandes können auch *drei* gesucht werden. Zwei „Tastdetektive", die ihre Tastwahrnehmungen ihren Assistenten mitteilen, könnten zusammenarbeiten und so rascher zum Erfolg kommen.

Hilfsmittel und Hilfen für die Durchführung

Nach Erzählen der Geschichte sollte der Assistent den Raum verlassen. In dieser Zeit ertastet der Detektiv „blind" den Gegenstand. Art und Unterschiedlichkeit der Gegenstände sollten vom Alter und den Erfahrungen der Spieler abhängig sein.

Pädagogische Hinweise

Das Spiel fördert die Kinder in der Sensibilität ihrer Tastwahrnehmung und in ihrer sprachlichen Ausdrucksfähigkeit. Damit bei diesem Spiel die richtige Atmosphäre aufkommt, muß die Spielleiterin eine spannende Geschichte um ein en geheimnisvollen Gegenstand erzählen. Danach wird sie zu einem der Verdächtigen. Bei kleineren Kindern kann sie ermutigen und Hilfestellungen geben.

VERRÜCKTE FÜSSE

Kontaktspiel, Ratespiel
Ort: Klassenzimmer, Gruppenraum, Wiese, Strand
Dauer: mit Vorbereitung ca. 5 Minuten
Eignung: Kinder ab 5 Jahren; für kleinere Gruppen

Beschreibung des Spiels

Drei Kinder ziehen sich Schuhe und Strümpfe aus. Sie kriechen unter ein altes Laken, legen sich auf den Rücken und strecken die Füße durch Löcher, die wir vorher in die Mitte des Tuches geschnitten haben. Dabei legen sie die Beine so über- und untereinander, daß man nicht mehr auf den ersten Blick sehen kann, welche Füße zusammengehören.
Zwei Kinder, die vorher hinausgegangen waren, sollen jetzt raten, welche Füße zusammengehören und von welchen Klassenkameraden sie sind. Sicherlich wakkeln die Füße mit den Zehen und machen auch sonst allerhand Quatsch!

Variation

Die Kinder malen sich gegenseitig mit Schminkstiften Gesichter auf die Fußsohlen und legen sich so hin, daß am Rande des Lakens ihre Füße herausgucken. Es ist jetzt noch schwerer, die Füße zu erraten, besonders, wenn man zwei Füßen die gleichen Gesichter malt, die gar nicht zusammengehören. Vielleicht schließt sich noch ein Fußtheater an!

Hilfsmittel und Hilfen für die Durchführung
Ein altes Laken, Schminkstifte, Fettcreme und Küchenkrepp zum Abschminken.

Pädagogische Hinweise
Füße sind etwas sehr Individuelles, ebenso wie die Hände oder das Gesicht eines Menschen. Da sie meistens in Schuhen stecken, nehmen wir sie nicht wahr. Bei diesem Spiel kann man die Kinder auf die Verschiedenheit der Füße aufmerksam machen, und die Spieler werden gleichzeitig etwas über die dazugehörigen Personen erfahren.
Wer seine Füße zur Verfügung stellt, muß Vertrauen in die Mitspieler haben, weil man ja sehr eng beieinander und teilweise sogar übereinander liegt.
Beim Bemalen wird es sicher kitzeln. Manches Kind kann das nur bei sich selber tun.
Diese Aktion eignet sich für heiße Sommertage, wo man sowieso gerne die Schuhe ausziehen möchte.

WIEVIELE STEINE

Glücksspiel, Suchspiel
Ort: Spielplatz, Wald und Feld, Garten, evtl. Gruppenraum
Dauer: mit Vorbereitung (Sammeln) ca. 15 Min.
Eignung: Kinder von 8 Jahren an. Die Gruppengröße kann variabel sein, von 3–20 Kindern.

Beschreibung des Spiels

Die Spielgruppe sucht in der Umgebung Steinchen, die nicht größer als eine Walnuß sein sollten. Damit füllen sie nach und nach ein Weckglas. Jetzt soll jeder schätzen, wie viele Steine das Glas enthält. Die geschätzten Zahlen werden auf einen Zettel geschrieben und, mit Namen versehen, der Spielleiterin überreicht. Jetzt werden die Steine gezählt, und wer am besten geschätzt hat, bekommt einen kleinen Preis. Das lustige Ende des Spiels könnte sein, daß jeder seine Steine wieder dahin bringen soll, wo er sie hergenommen hat!

Variation

Die Steine können auch in einem Stoffsäckchen gesammelt werden, und vor dem Schätzen darf jeder mal fühlen. Im Raum nimmt man einfach andere Dinge, Walnüsse oder Bohnen zum Beispiel.

Hilfsmittel und Hilfen für die Durchführung

Ein Einmachglas, für die Spieler Zettel und Stifte, kleine, selbstgesuchte Steine.

Pädagogische Hinweise

Das Steinchensuchen bringt es mit sich, daß die Spieler die nähere Umgebung bewußt wahrnehmen. Beim Schätzen wird eine Entscheidung gefordert, ohne daß es dafür Sicherheiten gäbe. Die Spieler müssen es hinnehmen können, sich geirrt zu haben. Da sich aber niemand alleine irrt, ist das nicht schlimm.
Für das Schätzen brauchen die Kinder eine bestimmte Mengenvorstellung.

Verzeichnis der Spiele